わたしを生きる知恵

80歳のフェミニストカウンセラーからあなたへ

河野貴代美
対談：岡野八代

三一書房

装画　くまのひでのぶ
「きょうあったことをはなそう」

はじめに

フェミニストカウンセリングが東京で産声をあげてから、四〇年近くが経ちます。私自身は、すでに具体的な活動からは手を引いていますが、私がなぜフェミニストカウンセリングを日本で始めたのか、フェミニストカウンセリングの中で私自身が学び受け取ったものは何か、それらを伝えたいと思い、この本を書きました。

フェミニストカウンセリングといっても、現在、ご存じない方が多いかもしれません。これは、一九六〇年代末、米国で起こった女性解放運動（後に、第二波フェミニズムと呼ばれる）の中から早々に生まれました。

一九六八年、米国に渡った私は、フェミニズムと出合います。「あなたはあなたであってよい」というメッセージ、その解放感は、言葉にできないほどのものでした。性差別的な制度変革の行動だけでなく、それを支えている個人の意識（とくに女性自身の意識）を問い直すこと、家族やパートナーとの個人的な関係もとらえ直すことなどが次々と提案され実行されました。女性たちがお互いの体験を語り合い、共有する過程で、個人が抱える生きがたさや苦しみは社会的文化的規制・規範によってつくり出されていることが発見され、それが「個人的なことは政治的なこと」というスローガンに表現されました。

しかし、残念なことに一九六〇年代後半から八〇年にかけて世界中を席巻したフェミニズムは、多くの誤解を受け、その内容やメッセージが後の世代の女性たちに正確に届いていないように思います。あなたにとってフェミニズムは、どんなイメージでしょうか。男性を糾弾し闘う強い女性のイメージですか。それとも、正しいかもしれないけれど硬直的で、自分はとうていそんなふうに生きられないし楽しくない、そんなイメージでしょうか。ともすると、フェミニズムはたんなる政治理念のように受け取られがちですが、端的にいうなら、自分を肯定し、自分らしく生きるための生活の知恵・指針のようなものだと私は考えます。一人一人が自分の感じ方、考え方、判断をもとに、自分を大切に生きていくということ、そして結果的に男女平等な社会の構築をめざす、それがフェミニズムなのです。

フェミニストカウンセリングとは、このようなフェミニズムの視点で女性の心の問題を解きほぐし、気持ちを受け止めて問題を共有し、女性が力を取り戻す過程を支えて、ともに歩む共同作業といってもいいでしょう。

さて、日本では、二〇〇〇年前後から、改正男女雇用機会均等法（セクハラ防止が盛り込まれる）、男女共同参画社会基本法、ＤＶ防止法などが施行され、女性の人権が守られるよう社会は少しずつ変化してきています。しかし残念ながら、法律や制度はできても、日常生活における自分と夫／パートナーとの関係をとらえ直す土壌は培われていません。母親をはじめ身近に、伝統的な性別役割から解き放たれたロールモデルが存在しない日本の社会であることは、今も昔もあまり変わらないようです。母親との葛藤を抱える女性は増えている印象を持ちます。

女性活躍といわれる時代ですが、働いている女性も、仕事では男性以上に努力し、そのうえ家事・育児ももっぱら担うというのが多くの女性の実態でしょう。どこでどんなふうに生きていても、生きがたいという現実。個々の女性たちが、のびのびと自分らしく生きられる社会とは言いがたい、それが日本の女性の現在ではないでしょうか。

そんな中でも、変化を求める人は多いはず。女性が自分に出会い、自分自身を生きていくために必要な知恵や歴史を、フェミニズムに出合った私たち世代の女性が語り継ぐことが必要だと考えました。それは、きっと女性たちの力になるでしょう。

＊　＊　＊

本書は、対談と書き下ろしとコラムで構成されています。

対談の章（第1章、第3章、第5章）では、対談相手として、岡野八代さんにお願いしました。岡野さんはフェミニストであり、気鋭の政治学者（専攻は政治思想史）です。私からみると娘の世代に当たる岡野さんに、フェミニズムとの出合いや現状、昨今の女性を取り巻く問題、そして、憲法改正が言われる今、今後の女性たちの暮らしはどうなっていくのかなどについて、話を伺いたかったからです。

対談では、自分自身の母との関係に始まって、新しい形の「家族」についてや、「自己責任」「個の尊重」の問題まで、幅広いテーマで話をすることができました。

書き下ろしの章（第2章、第4章）では、フェミニストカウンセリングの歴史を振り返りつつ、フェミニストカウンセリングとはどういうものかを紹介しました。「自分に正直であること」「自己評価を高める」「母と娘の問題」「罪悪感」「夫／パートナーとの関係」などです。

これは、フェミニストカウンセラーとして長く生きてきた私から、今を生きるあなたへ贈るメッセージです。「ゆっくりでいいから、あなた自身を生きなさい」、と。

もくじ

第3章 対談 家族について

第4章　あなた自身を生きなさい

第5章 対談 いま、伝えておきたいこと

●第1章、第3章、第5章の対談は、二〇一六年一〇月一七日に行ったものです。

第1章

対談

個人史を語る

1 母との関係

母の価値観と自分の価値観との間で葛藤

――まず、個人史からお話しいただけますか。とくに、お母さんとの関係を中心にお願いいします。

河野貴代美　母は四人きょうだいの末っ子でした。貧しい百姓の娘で、先生から女学校へ行かしてやれと言われたけれど、親は行かせられない。結局、年の離れた長兄が女学校に行かせてくれたそうです。教員になりたかったようですが、それはできずに結婚しました。父は地方公務員で、暴力は振るわないけれども、趣味の多い好き勝手なことをしているというふうな人。自己中心の明治の男です。でも、家の中では母が主導権を握っていました。たとえば、母が「お父さん、お風呂を直そう」と言う。それに対して父が「ダメだ」と言う。直さなくていいという意味ではなく、母が言い出すことが気にくわないわけ。でも、結局母が黙って直します。外に向けては一応家長として立てるから、いわば権力が二重構造になっていたのです。で、母は私たちに向かっては、お父さんは何もしない、と愚痴る。しんみりとした仲のよい夫婦関係は見たことがないですね。

私は、一九三九年生まれ、四人妹弟の長子です。勉強が嫌いな子どもでした。母からよく、「勉強しなさい」と言われた。「いい学校を出て、仕事をしなさい」と。母は、自分が教員になりたかったから私を教員にさせたがっていた。「いつまでも先生と呼ばれるのはいいよ、恩給[*1]もつくよ」と、まぁそういうレベル。安定志向ですね。一応親の希望を入れて地元の国立大学の学芸部を受験しました。でも私は社会福祉を勉強したかったので、名古屋にあった日本福祉大学へ進学しました。この大学は一九五七年当時、唯一、四年制の社会福祉の小さな大学で、授業料が国立大学並み。母は「地元の大学に行け」と言いましたが、私がどうしてもこれをやりたいし、全部自分で賄《まかな》うと譲らなかったので、しょうがなく認めてくれました。動機は、人のために役に立ちたい、と。これには途中で挫折もありましたが、すでに他の自著で触れましたので、ここでは省きます。

＊1　公務員の退職年金のこと。現行の共済年金に当たる。

私は高校時代から左翼の運動をやってきたから、社会正義に対して感覚の鋭い娘だったけれど、隠れてしていたし、それは母には理解できません。ごく普通の、多数派の価値観を押しつけてくる。考えてみれば、なぜ反体制的な価値観を私が持ちそれを押し通そうとしたかは、特定の周囲の影響は考えられないですね。ただ、家は戦争の惨禍を逃れ、オープンな空間で、行商のおばさんはいつも家で弁当を広げ、近所のおばあさんが、愚痴を言いに来るところでした。母が近所のおばあさんを庭に座らせてシラミ（終戦直後流行《はや》ったのです）をすいてあげていたこともありました。彼女が愛情深い人であったことは事実だし、地域社会に開かれた家であったことはなんらかの影響があったかもしれません。

母は死ぬ前に、「お前のこと、ぜんぜんわからなかった」と言いました。へぇ、それはわかっていたのか、と私は思った（笑）。その場にいた末弟が、「生きている世界がぜんぜん違うからしょうがないよ」と言い、彼にも、へぇお前さんもわかっていたのか、と。この「住む世界が違う」ということは母にはわからなかったでしょうね。頭の悪くない人ですけれど、学問をしていないし、本を読む余裕などなかったでしょう。私自身も、家族の中においてまったくコミュニケーションをとろうとしなかったですね。

ただ、どこかで家族のために自己犠牲的な母の生き方を哀れだと思う気持ちがあって、それと、「あなたの価値観とはなじまない」というのが、私の中でたえず葛藤していました。思春期後期から二九歳（一九六八年）でアメリカに行くまでかな。

アメリカでフェミニズムに出合ってしばらく経ってから、母はあんな生き方しかできなかったのだと思いました。大きくなった子どもや孫の心配ばかりしていて、遊びなさいとか楽しみなさいと言っても、遊ぶとか楽しむ体験がなければそれがどんなことかわからない。それを哀れだと思っていた時期もあったのですが、この人はこんな生き方しかできないのだから、それを私が受け入れようと、納得がいきました。その後は、実家に帰ったら、よし、よしと母をハグする……というパターン。

承認してくれる人を求めてきた

河野　私は、男性には母性的な人、自分を承認してくれる人を求めてきました。母との葛藤が、私を受け入れてくれる人——女性でも男性でもいいのですが——を求めることにつながったのかもしれません。満たされることを求めてきたな、と。私はとてもディマンディング（demanding、過剰に要求する）な人間で、それは自覚していましたから辛かったこともありました。だって自己の要求に自分が振り回されるから。

岡野八代　私は、人にはあまりディマンディングではないです。むしろ、私がやってあげたいというタイプ。

河野　そうですか。それって逆に言えば自分が楽なのかな？　振り返れば私は、とくに愛とか承認を欲しがってきたと思います。そして、それを人から与えられてきました。母の承認は、成績がよいことに対してだけですから。満たされてきたなという感覚は四〇歳以降でしょうか。滞米一一年、帰国後フェミニストカウンセリングもそれなりに根づいて、大きくなってきていました。

そんなふうに、私は多くのことを求めてきたからこそ与えられたと思うし、女性には求めるより与えられるのを待つことが望まれるから、みんなに「求めなさい」って言っています。岡野さんはあげるばかりなの？

岡野　私は与えるタイプの人で、それで自己満足しています。欠乏感というのはあまりない。もちろん求めるものはありますが、「私を認めて」みたいなものはないですね。

河野　もともと持っている気質がありますよね。私は、母には愛されてきたと思っています。裕福ではなかったけれど、きょうだいは平等に愛されていたし、勉強しろと背中を押してもらったことは結果的にプラスに作用しましたね。私は、あれやこれやで、右往左往しながら自己を探してきた。それとフェミニズム――私の自罰的な感覚もフェミニズムによって「あなたはそのままのあなたでいいよ」と承認された――の二つがリンクしながら、私という人間が形成されてきたと思います。だから、母娘の葛藤の意味もよくわかるし、自己確立の過程もよくわかる。当時、フェミニストカウンセリングを受けにくる人（クライエント）はそういう葛藤を抱えた人たちが多かったんです。それで、自分の経験を通して考えても、クライエントとの関係もうまくいっていた、なんて自画自賛？　愛の挫折は多々ありましたけれど（笑）。

母は女の子に「勉強しなさい」と言った

岡野　私の母は、電電公社（現ＮＴＴ）の電話交換手をしていました。当時、貧しい家の子が中卒で就職できる中で一番いい就職先の一つです。だから頭のいい人だったんだと思う。でも家が貧しくて、祖父は病気がち。クリーニング店を営んでいたのですが、中学まで母をやるのが精一杯でした。昭和一一年生まれ、中卒の人が多かった時代です。とくに女性は。

私の母も、私には「手に職をつけろ」と言っていました。兄にはぜんぜん言わなかったのですが。「女は経済的に自立しないといけない」というのが母の持論。というのも、父は活動家で、のちに市会議員をやったりもしていたのですが、経済的には不安定でした。だから母が経済的に支えていました。家も母が建てたし、経済観念はすぐれていた。なので、私には「勉強しなさい」と言っていたけれど、兄には言わなかった。男はほっといても仕事に就くだろうと思っていたのかもしれません。

河野　うちも同じです。母は、弟たちには言っている様子がなかった。面白いですね。

岡野　母にはすごく感謝しています。私が高三のとき、父が亡くなりました。現役で公立大学に受かっていたのですが、どうしても早稲田大学に行きたくて、母にお願いしたら、浪人をさせてくれた。それで、早稲田大学に行きました。

私の中学時代はちょうど「三年B組金八先生」の時代。中学校、本当に荒れていたんです。小学校のときわりと仲のよかった男の子はみんな「不良」になっちゃった。私も反抗期で。でも、自分は中学・高校ぐらいのときから、とにかくここを出ないといけないと思っていました。「不良」になって反抗しているけれど、その子たちは中学を出たらヤクザ的な世界の上下関係の非常に厳しいところに入るんです。私は、反抗するのだったら、もっと違う世界ででかい相手に対してしたいと考えていました。だから、学校では態度が悪かったのですが、家では勉強をしていましたね。母も、私に「外に行ったほうがいい。医者か弁護士になれ」と言っていました。

大学卒業時に母と対立

岡野　私は一九六七年生まれで、大学に入ったのは一九八七年です。その頃の大学は、運動は何もありませんでした。立て看[*2]はいくつかあって、唯一盛り上がったのが授業料値上げ反対闘争です。ちょうどバブルの時代で、八九年にベルリンの壁が崩壊しましたが、日本の大学での運動は凪《な》ぎの状態。大

＊2　立て看板の略。大きなベニヤ板にスローガンや主張を書いたもの。

学で何か刺激を受けたというのはほとんどありません。

母と大きな対立があったのは、大学四年生のとき。八〇年代後半は、女性の就職が非常によかったんです。私にもたくさん企業からの資料が来ました。でも、私はリクルートスーツを着るのが絶対嫌だった。スカートをはかない子だったので、これは大学院に行かないといけないかなと、わりと早くから思っていました。それに対して母は、今まで勉強しろと言っていたのに、「私はお前を最高学府に四年間もやったのに、まだ勉強するというのはいかがなものか」と。だから二〇代は、母とずっとケンカしていました。「働け」と言われて。

もう一つは、母は、子どもを産むというのが女性にとっては一番の幸せだと思っている人なので、「子どもを産め」と、二〇代はずっと言われていました。そのときは、「こんなひどい世の中なのに、子どもを産んだらその子が可哀想だから、子どもを産む気なんか一切ありません」と言って、ずっと口論ばかりしていました。

母に言えないこと

岡野　母との間での葛藤はもう一つあります。それは、自分は女性に惹《ひ》かれるということを母に言えないということ。わりと早い時期から性的な目覚めはありました。中学ぐらいからずっと好きな子がいて、わりといい関係だったのですが、それを母に見られたことがあって、一週間口をきいてくれなかった……。それで、母には言わないでおこうと決めました。

大学に入ってから一年間、じつはある女性と一緒に暮らしていました。でも結局うまくいかなくて、一人暮らしに戻ったときに電話して、住所が変わりましたと言ったら、「ああ、病気が治ってよかったね」と言われて。またそれもショックでした。これについては、いまだに続いています。私の一番大事な人を母に認めてほしいというのはあるじゃないですか。それが、うちはダメなんです。

私はわりと人との関係性に敏感なほうだと思っていて、空気を壊すというのが、じつはすごく嫌なんです。お互い胸襟開いて、というのが苦手。そこは、母と共通しています。だから、この問題について話すのを、私も避けてきた。それがすごく溜まっていて、この大きな岩はなかなか動きそうにありません。母のことはとても尊敬しているけれど、自分が認めたくない母というのもあるのです。でも私自身は、河野さんとは違って、誰かに認めてほしいというのはなくて、追いかけていってこまめに世話をしたいタイプですね。

母は娘のことが理解できない

河野　二人とも高校で自分のやりたいことがわかっていてそれを押し通した。でも母との関係で共通するのは、母は、私たちを娘として産んで育てたつもりだけれど、娘のことが理解できないということですね。

岡野　母親孝行したいというのがあって、母をヨーロッパに連れていったことがあります。カナダに留学していたときには、カナダに来たりもしました。でも、二人でいると絶対ケンカするんです。二四時間以上一緒にいたら。それで、友人についてきてもらって、一緒にイタリア旅行をしたことがあります。友人がびっくりしたのは、母が私に「ああしなさい、こうしなさい」と命令すること。友人は「これは大変だわ」と言っていました。母にとっては、私はまだ娘なんですね。それで、自分の許容範囲を越えたら「そんな八代は八代じゃない」みたいなことを言う。

河野　それって、母娘問題（148頁参照）の根幹じゃないですか。自分の生きてきた生活感覚や領域からはみ出すと、そういう娘のことがわからなくなるんですね。でも、多くのフェミニストは明らかにはみ出している。性別役割分担を踏襲してきた母たちの価値観からはみ出してこそ、フェミニストだったりするわけでしょ。

岡野　私も、父―息子関係と何が違うのかを考えることがあります。社会でそれなりの地位を得ることが男の役割じゃないですか。だから父にとっては、息子が就く仕事が自分とは違う世界の仕事であっても、役割の枠は越えないわけです。男として期待されていることの枠内です。ところが母と娘になると、母は女性が社会に期待されている役割をしてきたわけですが、そういう自分の生き方と娘の生き方が違う。それが母には理解できない。私ははねっかえりで、男なんかいらないと思っていて、またそういうふうに生きられる時代だった。母のきょうだいは、みんなもちろん結婚しています。女性にとっては、社会の変化、状況の違いというのはものすごく大きいと思うし、母と娘の関係も社会にすごく影響されていると思います。

2 フェミニズムとの出合い

NOW、『からだ・私たち自身』

――フェミニズムとの出合いはどんなふうだったのですか。

河野　私がアメリカに行ったのは一九六八年の終わり頃です。まだ成田空港なんかなくて羽田空港から発ちました。ちょうどアメリカでは、ベトナム反戦運動[*3]が盛り上がったときです。黒人解放運動[*4]の流れで、フェミニズムの運動もすでにあって、私はフェミニズムと一緒に歩んできました。いい時代でしたよ、いろんな運動があって。運動って、ある意味で人間関係の対立・葛藤・和解の現場ですから。アメリカで日系アメリカ人と結婚しましたが、その後離婚しています。その夫が、当時、「あなた、こんなことに興味ない？」と言って教えてくれたのが、NOW[*5]（全米女性機構）でした。それがフェミニズムとの出合いです。ボストン支部へ初めて行ってみたら、平場での話し

＊3　ベトナム戦争に反対する運動。六五年から米国が本格的に軍事介入する中で、大規模の反対運動が起こった。この運動は全世界に広がり、七三年米軍撤退、七五年戦争終結。ベトナムは統一を果たした。

＊4　米国・モンゴメリーでキング牧師はバスボイコット運動を組織。公民権法成立を要求する黒人の運動を展開した。六三年ワシントン大行進を経て、六四年人種差別撤廃をうたった公民権法が成立。六〇年代後半には「ブラック・パワー」運動を提唱するブラック・パンサー党なども出てきた。公民権運動は、黒人以外のマイノリティや女性にも波及した。

＊5　National Organization for Women。六六年に結成された、米国最大のフェミニズム運動の組織。

合いが行われていて、私なんか決して流暢《りゅうちょう》な英語ではなかったのですが、よく耳を傾けてくれて、非常にいい感じでした。もともと英語はたえず主語が必要ですが、話し合いでは、常に「私」から入る。これは自分がどう考えるかに非常に役立ちました。そこに入って活動し、七五年の第一回国際女性年メキシコ大会[*6]にはＮＯＷの仲間と出かけました。そのときは本当に面白かったですよ。ＮＯＷの会長ベティ・フリーダン[*7]がグラス片手に酔ってワァーっとしゃべっている。デモ禁止のメキシコシティで「デモしよう！」とアジったら、みんなが「ライト　オン！（異議なし！）」と言って。女のエネルギーが満ち溢れていました。なんというかあの解放感と自由さ、自分でありうることの快感。興奮して毎日眠れない。「これだ！　私がやりたかったのは」と思いました。

もう一つは、“*Our Bodies, Ourselves: A Book by and for Women*” by Boston Women's Health Book Collective, 1971（邦訳『からだ・私たち自身』ボストン女の健康の本集団著、松香堂刊、一九八八年）という本との出合いです。これはフェミニズムの象徴と呼んでもいい本で、なんと産婦人科医ではなく女性自身の手で書かれた。冒頭に「私たちの顔は私たちのからだに付随している」

＊6　国連は七五年を国際婦人年と定め、第一回世界女性会議をメキシコシティで開催。

＊7　米国のフェミニスト。ＮＯＷ（＊5参照）の初代会長。著書『新しい女性の創造』（六三年、邦訳六五年）で、中産階級の主婦が感じている不安感を「名前のない問題」として提起した。

という詩が掲げられています。「私たちの顔は私たちのからだに付随している／私たちの顔は私たちの命に付随している／私たちの顔は率直であり／私たちのからだは妙技にたけている／私たちは、怒りをスマイルで隠している／（略）」と続きます。目次には「自己感覚を変えよう」「出産とセクシュアリティの身体学と解剖学」「セクシュアリティ」「自分自身と他者と共に生きる―関係性」「アメリカにおいて私たちはダイクと呼ばれる―ボストン・ゲイ集団」「日々食べる食品と栄養」「レイプと自己防衛」「性病」「受胎調節」「妊娠人工中絶」「子どもを持つか持たないかの決定」「育児」「更年期」「女性とヘルスケア」などの項目があって、それこそ女性自身が自分のからだを通した体験を語っています。これって考えられます？　医者じゃない女性が書くのよ。「私たちは○○と思う」「私たちは○○と議論した」「○○さんとは経験が違ったので、両方書いた」とか。権威を頼らず、自分たちが考え、発言し、対話・論議しながらていねいにそれらを表現していく。もうこれが新鮮で、誇らしく、自己（＝女性）肯定に満ちていました。

換言すれば、「あなたが、あなたであっていいよ」というメッセージが溢れていたのです。やっと、私が求めていたものに出合ったという思いで、ますますのめり込んでいきました。

カナダのアーレント研究者はみんなフェミニスト

岡野　私がフェミニズムに出合うのは、政治思想史の教科書の中でです。私は政経学部だったのですが、早稲田大学では四年間、一人として女性の教員に教室で会いませんでした。その頃、学部には一人も専任の女性教員がいなかったのです。自分の生きる中ではフェミニズムと出合わなかったけれど、教科書の中には出てきて、当時、ゼミの先生がアメリカの政治思想史の最先端のことを紹介してくれる先生だったので、そこで学びました。だけど先生は、フェミニスト嫌いだったんですよ。ゼミも、女性は一人しかとらないと決めていたらしい。哲学や政治思想は男の世界です。それで、私に「岡野さん、この学生どう?」なんて、結婚させようとしていて(笑)。そういう世界でした。

だから私は、学部時代はフェミニストなんかいらないと思っていました。当時私が専門的に勉強していたのはハンナ・アーレント[*8]ですけれど、じつは彼女もフェミニスト嫌いで当時は有名だったのです。

*8　ユダヤ系ドイツ人の政治哲学者。ナチスが政権を掌握すると、フランス、次に米国に亡命。ナチズム論である『全体主義の起原』(五一年)などを著す。

卒業後、カナダのトロント大学に留学します。驚いたことに、その頃の北米のアーレント研究者はみんなフェミニストだったのです。九〇年代、多くのフェミニストがアーレントの研究をやっていて、活発な議論が行われていました。それにすごくショックを受けた。政治思想を研究している人で、フェミニストでないなんて考えられない、という雰囲気でした。「公私二元論の批判[*9]」とか、アーレントをこんなふうに使えるんだと、本当に目からうろこが落ちる思いでした。

私は、自分のことを遅れたフェミニストだとずっと思っていました。九六年にカナダから戻ってきて九九年まで大阪にいましたが、その三年間はアーレントの研究を続けていて、ようやく日本のフェミニズムの文献も読み始めました。だから、日本のフェミニズム運動にはまったく肌で触れていないです。

*9　公私二元論とは、社会を「公領域」と「私領域」に分割して論じること。公領域＝政治・経済＝男性の領域、私領域＝家庭＝女性の領域というもの。フェミニズムは、公領域と私領域は密接につながり合っていると主張。公／私が男／女という二項式に対応してきたことによって女性が公的領域から排除されたと批判した。

生きづらさとCR

岡野　早稲田大学時代の話に戻りますが、現代政治思想史の教科書には、ゲイやレズビアンについても出てきます。そのフェミニスト嫌いの先生は、その議論を読んでもなお、「男と女は自然に対になると決まっている」と言うんです。そのときの友人たちの多くには、私はまだレズビアンだということを言っていませんでした。帰りの電車の中で、心臓が踊って、本当に服が震えるくらい、その先生の発言に怒っていました。そのとき、この人のもとで勉強するのは無理だと思いました。

カナダに行って、そういう意味でも自分を解放できてよかったと思う。「私はレズビアンです」と友達にも言っていました。その心地よさというのは、言葉にできないくらい。また、カナダのトロントでは、初めてゲイパレードに参加しました。現在は、トロントのゲイパレードは北米最大のパレードで、ジャスティン・トルドー[*10]首相も参加している。私にとっては、リベラルで、移民がたくさんいて、多様な人々が暮らすカナダに二年半いたというのは、本当に大きい経験でした。レズビアンのサークルもあって、一緒にバーに行ったりもしました。

カナダに行かず、大学院時代ずっと日本にいたら、今、私はここにいないです。きっと教員になれなかったと思う。そういう意味では、学生生活は息苦しかったといえます。

＊10　一五年から第二九代カナダ首相を務める。

河野　教員の男女差は興味深いですね。私のアメリカでの院生時代、七〇年代初頭ですが、教員はほとんど女性でした。実習先の精神病院を回ってくれ、指導してくれて一番深い影響をうけたスーパーバイザー（教育訓練者）も女性でした。専門がソーシャルワーク[*11]と政治思想史の違いでしょうか。

　ともあれ一九八〇年の帰国前の数年は、まだ結婚生活は継続中でアメリカと日本を行ったり来たりの状態でした。その頃、日本ではレズビアンの人たちがグループをつくっていて、私の紹介したCR（Consciousness Raisingの略）を試みました。彼女たちは、レズビアンであることに生きがたさを感じていたんですね。私自身はレズビアンであると自己規定はできないし、カテゴライゼーション（分類すること）は嫌いですが――これは後の課題にしましょう――気持ちはよくわかるから。そこでCRを重ねてきて、いく人かはその後アメリカに移住しました。今はどうしておられるでしょう。そのときの体験は、とても興味深かったです。女性が自分自身でありたい要求というか必然性が、どこの国でもみられるってすごいことだなぁと思って。

　私は、アメリカでNOWのCRに出合っていました。CRを一言で表すのは難しいのですが、79頁で紹介しましたので参照してください。CRは非常

＊11　高齢者や障害を持つ人やその家族が抱える生活課題に取り組み、人間的に豊かな生活の実現を支援する仕事。米国では、精神分析の影響を受けた心理療法に教育の重点をおく大学院もある。

に新しく面白い試みです。参加者は、学生（成人学生）とかパートタイムで働いていた私のような者とか、主婦もいたかも。みんな、時間がありました。誰かの家に集まって、当番やテーマを決め、ひたすら自分のことを話していくんです。質問はいいけれど論評や分析や批判をしない。ただ受け入れるんです。リーダーレスで全員平等。話を聴いて受け入れて、気持ちを分かち合う。話を聴いてみれば女性の体験はよく似ているんです。素晴らしい体験でした。二年ほどＣＲをやってきて、これは絶対、日本に行ってやりたいと思いました。

3　フェミニストカウンセリングの立ち上げ

女性記者たちが紹介してくれた

――日本でフェミニストカウンセリングを始められたのは、一九八〇年ですね。

河野　日本で最初のフェミニストカウンセリングのルーム「フェミニストセラピィ〝なかま〟」を立ち上げたのは一九八〇年の二月です。父が交通事故で亡くなって、少しまとまったお金が入り部屋を借りて。このお金がなくなったらやめようと思っていました。そしたら興味深いことに、いろんな新聞の女性記者が、フェミニストカウンセリングのことを書いてくれたのです。というのも、一九七五年にメキシコで国連の第一回国際女性年世界会議が開かれ、私もNOWの仲間と参加していましたが、ちょうど日本のメディアに女性が雇用され始めた頃で、会議に女性記者が取材に来ていました。そこで知り合った女性記者たちがどんどん紹介してくれました。

　新聞社は男社会でしょ。女の記者たちも今すぐじゃなくても必要ができたとき話せる場が欲しかったのだと思います。男の人は仕事が終わったらノミニケーション。[*12]でも女の人は、すぐに子どもを保育所に迎えに行き、「今日のおかず、何にしよう」って気持ちを切り換えて家庭人になる。ずっとしんどいわけですよね。フェミニストカウンセリングの意図を話したら、取材して書いてくれました。読売新聞の深尾凱子《ときこ》さん、朝日新聞の故松井やよりさんや下村満子さん、そういう人たちです。彼女たち自身がフェミニストカウンセリングに対するシンパシーを強く持ったのだと思う。メディアの女性記者との出会いが、日本でのフェミニストカウンセリングの誕生を助けてくれたのでした。

リブの女性たちとフェミニストカウンセリング

河野　日本でも六〇年代後半から七〇年代には、思想的なイデオロギーが飛び交っていたのだけれど、女性はなかなかそこに入っていけない。新左翼系の反体制運動の中にもある女性差別――田中美津さん[*13]によれば「男は理論で

＊12　「飲む」と「コミュニケーション」の合成語。お酒を飲みながら親交を深めること。

＊13　日本のウーマンリブ運動をけん引した「ぐるーぷ・闘うおんな」の中心的メンバー。著書に『いのちの女たちへ』（＊64参照）など。

女は『カッティング』に『スッティング』[14]――や「男らしさ」幻想に嫌気がさしていたということですね。一九七〇年にはウーマンリブ[15]の運動が誕生します。私がフェミニストカウンセリングのルームを立ち上げた直後、新左翼系の運動をやっていた人たちが、いく人かカウンセリングを受けに来ました。「自己否定して革命に奔走せよ」というスローガンですから、そこから逃れたいと思っても、改めて自分は誰で、これからどこで何をしたいかと自問しても答えがない、と。徹底的な自己否定でやってきましたから。そのようないく人かにはフェミニストカウンセリングはピッタリでした。彼女たちの中には、のちにフェミニストカウンセラーになった人もいるし、鍼灸師《しんきゅうし》などの治療者になっている人もけっこういる。なぜなのかはわからないのですが、意外と多いですね。

既存の思想や考え方に自分が馴染《なじ》めないとか、今着ている服を脱ぎなさいと言われても、脱いだあと、別の服がいるでしょ。じゃあ、その服はどんなのがいいのか、サイズは？　色は？　と自分で考えていくためには、カウンセリング的な手法が必要だったのだろうと思います。

＊14　謄写版（ガリ版）印刷の工程。カッティングは、原紙に鉄筆で文字を書く作業のこと。ガリ切りともいう。スッティングは、謄写器に原紙を貼り付け印刷する作業。

＊15　性差別撤廃や女性の抑圧からの解放を求める運動。六〇年代後半から七〇年代前半にかけて、主に欧米や日本で展開された。日本では七〇年が「ウーマンリブ元年」とされる。

女性は自分のことを語りたがっている

河野　リブの活動家だけでなく、もちろん一般の女性にもフェミニストカウンセリングは大きなインパクトを与えました。女の人は、子どもや夫、隣近所の人や親戚の人の話ではなく、世間話じゃないレベルで自分のことを語るということを初めて知ったわけです。それを聞いてくれる人がいる。これはなんかすごい、というふうに思ってくれる人がたくさんいて、フェミニストカウンセリングが少しずつ広がっていきました。

そのときに思ったのは、女の人は自分のことを語りたかったのだなという現実でした。たえず子どものことや近所のことなど、人のことを語っていると、語彙そのものが狭まってしまいます。でも、カウンセリングを受けながら自分の言葉を探していくと、「これだ」「なるほど」というようなものが見つかります。自己定義ですね。女性たちにとって、これは本当に救いになったと思います。私自身がアメリカで救われたように。「あぁ、求められていたんだ」と思いましたね。

ルームでは、個別のカウンセリングをするだけでなく、カウンセリング講座を開いたりしていました。また、日本全国のいろんなところの女性グループに呼ばれて、講演をしたり講座を開いたりもしました。そうしてかなり広がっていったのが、九〇年代です。

二〇〇一年に日本フェミニストカウンセリング学会ができました。その後、組織はＮＰＯ法人になり、研究誌も発行しています。いまは、会員は少し減っているようです。私は二〇〇七年に学会を出てしまったのですが。

4 政治思想をフェミニズムの視点で読み直す

自分のことを語らなくてもよい政治学

岡野　河野さんの話を聞いていて思い出したことがあります。私が政治思想史を志した理由の一つは、政治学であれば自分のことを考えなくていいからだった、ということです。私はもともと文学が好きだったのですが、文学は、「私って何?」と考えますよね。だけど、さっきも言ったように母との関係があって、自分のことを掘り起こしていくのが辛かった。政治って他人事でしょ。自分のことは見ないで、国家とか社会とか外だけを見ていれば気が楽。だから文学ではなくて政治を選んだのです。ところが、まさに「ザ・パーソナル　イズ　ポリティカル」[16]で、じつは政治と自分とはつながっているというのがフェミニズム。それが、カナダに行ってわかってくるのです。男は政治や国家を語って、俺様は偉いだろうって言うけれども、フェミニズムに出

＊16　「個人的なことは政治的なこと」。＊CR（79頁参照）で、お互いの体験を理解し合い、共有する中から、このスローガンが生まれた。

合ってから、本当にこの人たちお気楽で、自分のことをぜんぜん語っていないな、と思うようになりました。

自分のことを語らなくても政治学の研究はできるんです。逆に、自分の立場はこうですと鮮明にしたら、「それは学問的じゃない」「中立じゃないし客観的じゃない」「あなたがどう思うかなんて僕たちは聞いていない」と言われる。客観的に多くの人が見て納得できるデータを出さなくてはいけないというのが政治学。だから、男性の研究者が多いと思うのです。自分の苦しみや葛藤から生まれてきた政治思想というのは、男性にはほぼないのではないでしょうか。

河野　よくわかります。岡野さんは、自分自身は受け入れていて、自分から逃れるためにではなくて、自分が考える対象を、外＝社会や政治にシフトさせたということですね。

岡野　そうですね。自分を否定しているわけではない。こんな自分で、レズビアンで、どうしようと悩んだことはないんです。もちろん、人との関係でレズビアンであると言えなかったり、「同性愛者なんて」みたいな発言に反論できなかったことは、ずっと自分の中ではわだかまっています。それはすごく腹立たしくて。だけど、きっかけは自分のことでなくて社会のこと、政治のことを考えたいと思ったので、それが政治学を選んだ理由です。

政治の世界は自己がないから無責任

岡野　でも勉強すればするほど、政治は自分のことを語らないように見えているけれど、実際は、男性が中心の社会であることを当然視していて、自分の地位が揺るがないように政治をしているということがわかってきました。つまり、自分たちが傷つかないように、自分たちの既得権益を手放さないために、政治や社会構想を語ってきた。それほど政治は、じつは健常男性中心です。近代国家というのは男性が支配して、男性が自分の権力を揺るぎないものにするために女性を家に閉じ込めて、自分の言うことをきく持ち物の一つとして女性をみてきたわけです。私は、「女は産む機械」だの、石原慎太郎さんの一連の発言[*17]、政治家にいまだに根強い「女のくせに」という態度は、これまでの、男性が自分たちのために、男性たちだけでつくり上げてきた政治の反映だと思っています。もちろん、時代で大きく変わりますし、変わってほしいと強く願っていますが。

＊17　〇一年一〇月から一二月にかけての発言。「女性が生殖能力を失っても生きているってのは無駄で罪です」「文明がもたらした最も悪しき有害なものはババァである」など。

近代国家というしくみの中で、女性というのは、男性にとっての所有物なので、コントロールできるモノなのです。それで、言うことを聞かなかったら殴る蹴るしてよいという考え方です。現在の政治も、たとえば女性活躍や、子育て支援を男性の目線で設計しても、思ったようにならないですよね。でも、失敗しても誰も責任をとらないのです。結果が出ないのは、自分たちのせいではない、そう考えているのではないかと思います。

河野　責任主体がどこにあるのか不明、というのが日本文化の根底にありますね。私、これではまずいと思っていますが、どう変革するかは難題です。

岡野　東京の築地市場の豊洲移転問題・盛土《もりど》問題[*18]はその典型ですね。政治の世界では、自分が良いと思ってしたことでも結果が悪い、ということはたくさん起こり得ます。しかし、いや、だからこそ、政治学では、結果責任だと教えるんですよ。意図がどうあれ、結果が大事であると。学問上は、そうなんです。ですから、本来政治家は、とても大きな責任を負うはずなんです。ところが、実際の政治の世界では、政治は単に役割なんです。自分は役割でやっていただけで、自分の意志でやっているわけではないという。まさにナチス時代に、ユダヤ人を強制収容所に輸送する仕事を引き受けていたアイヒ

＊18　東京・築地市場が一六年八月に豊洲に移転することになっていたが、豊洲から有害物質が検出され、移転は延期に。その後、主な建物の地下に土壌汚染を防ぐための盛り土がなされていないことが判明した。

マン[19]ですよ。政治家の責任のとり方って、役割を降りるだけですよね。政治生命を賭けるといっても、首相を辞めるとか大臣を辞めるとか。政治家であることそれ自体は、辞めようとしない。現実の政治におけるこの無責任さは、やはり自己、自分の意思がないから、他人事だからこんなことができるのだと思います。

フェミニストカウンセリングでいう自己変革とはアプローチが違いますが、でもやはり自分の意識が変わらないと、政治も変わらないと思っています。

女性の視点から読み直しが始まるのは八〇年代

河野　新しい形の、女性を包括するような政治思想の萌芽というのはないのですか。

岡野　八〇年代から九〇年代にかけて、アメリカでは第二波フェミニズム[20]が終息していきます。八〇年代はレーガン、サッチャーなど、まさに新自由主義の走りの時代で、フェミニズムの運動もバックラッシュ[21]を受けます。すると、第二波フェミニズムを経た世代の人たち——一九五〇年代生まれの人た

＊19　ナチス親衛隊のアドルフ・アイヒマンのこと。六一年イスラエルで裁判にかけられた。裁判で彼は「上役の命令と法に従っただけ」と主張。アーレント（＊8参照）は『エルサレムのアイヒマン』で、これを「悪の陳腐さ（凡庸さ）」と呼んだ。

＊20　第一波フェミニズム（一八六〇年代～一九二〇年代）が婦人参政権など制度的な権利獲得を中心とする運動だったのに対し、第二波フェミニズム（一九六〇年代後半～）は、性差別的な政治制度の改革だけでなく、「女らしさ」の呪縛からの解放を唱えた。

＊21　フェミニズムへの巻き返し、逆襲現象。日本では二〇〇〇年前後から、ジェンダーフリー・バッシングが起こり、性教育への抑圧が強まった。

ち――の中から、フェミニズム理論がバーっと出てきます。ジュディス・バトラー[*22]なんかもそうですね。それは、大きな運動のあと、研究が深化したと言えます。その八〇年代に提起されたのは、語られてこなかった人たちの視点から政治を見たらどう見えるか、というもの。今まで男たちは、客観的に見ている、中立が大事と言ってきたけれど、それはじつは男の視点にほかならない。女性の視点というのは、語られてこなかった。政治に入ってこなかった、いわば外の視点です。

河野　オーラルヒストリー[*23]なんかと重なりますか。

岡野　まさにそうですね。女性の書いたものは、政治思想史の中では、じつはとても少ないのです。社会史などもオーラルヒストリーの一つとして読めると思います。主流の男たちが書いた歴史が権力者の歴史です。女性の視点から権力者の思想を読むと、今まであまりにも当然視されていてわからなかったのですが、ずいぶん酷いことが書いてある。読み直しが始まるのが七〇年代後半から。アメリカでは、八〇年代、アリストテレスをはじめとしてカノン[*24]を女性の視点から読み直す作業が盛んに行われます。政治思想のフェミニスト解釈という書籍のシリーズが出始めるのですが、その作業をするのは

＊22　米国のジェンダー理論家。『ジェンダー・トラブル』（＊58参照）を著す。

＊23　口承史。民衆の歴史事象についての語り、およびそれによる歴史研究法。

＊24　正典。教団・教会が公式に認めている教義や信仰生活の規範となる書物。これから派生して宗教以外でも、「正史」などを指してカノンと呼ぶ。

みんな女性です。女性の政治思想が出てきた時代です。
とくに、公私二元論の問い直しが行われたことは大きかった。今まで、政治は家族を語らないと言われてきましたが、じつは語っているのです。「家族は政治ではない」という形で、家族のことはいっぱい出てきます。女性は、夫が帰ってきたら温かく迎えてやれとか、男が話していることに女は口を出してはいけないとか……。アーレントについても、私がトロント大学に行っていた九〇年代前半に出会った先生たちが、読み直しをしています。私は、アーレント自身というより、そのフェミニスト解釈にとても影響を受けました。今でも私の考え方の基本はそこにあります。

アーレントが語る「自由」とは

――話が脇道にそれますが、アーレントのフェミニスト解釈ってどういうものですか。

岡野　アーレントは、自由とは何かということをずっと考えてきた思想家です。とはいっても、アメリカ的な、現在の自己責任論、ネオリベ[*25]につながっていく自由観を批判していた人です。アメリカ的な自由という考え方は、自

＊25　ネオリベラリズムの略。個人の自由や市場原理を重視し、政府による個人や市場への介入は最小限にすべきとする考え方。

由意志、つまり、自分がこうしたいと思うことをやり遂げる、というのが基本です。だから、人から干渉されないことが、第一の自由。放任されることが一番自由というのは、規制緩和をよしとする経済的な考え方と重なります。ところが、アーレントは、自由というのは、自分が思いもよらないこと、ある種「ミラクル（奇跡）」が起こることだと言います。

たとえば、対話している（ダイアローグ）と、思いもよらなかったことを発見します。今日の対談も、一人だとこんな話にはなりませんね。一人で考える（モノローグ）と行き詰まります。だから、私たち研究者は、本を読みます。

アーレントはまた、「自分は自分のことはわからない」「他人から見られている自分が自分」とも言う。いろんな人が、多面的に見ている私が私であると言うのです。だから、他人から見える意外な自分に出会うことが自由なのだと言います。つまり、人と出会って、他者と共にいるときにしか自由は生まれない、と。

これは、カウンセリングやCRと似ていると思うのですが、他人に聞いてもらって初めてわかることや、声に出して言葉にしてわかることってありますよね。私は、それこそが公的な場だと思うのです。国会で、政治家たちが無責任なことをしゃべっているじゃないですか。あんなものは、アーレント的に言ったら公的領域でも何でもない。仲間がいて、あなたが新しい自分に出会える場所、そこが公的な場であり、私は、そこから政治が始まると思っています、国会ではなくて。今、公的とされている場に自由はない。そういうふうにアーレントを読み替えることができます。

関係性の網の目で歴史がつくられる

岡野　アーレントにとって、人間は一人一人違うから、「違う」ということが重要なのです。同じことをしゃべっていたら、それは自由ではない。彼女にとって政治は、共通の関心事について、たとえば税金についてでもいいですが、それぞれの立場からすると意見が違っていることが、大前提です。数学などは、誰が見ても「一足す一は四」でしょ。そこには自由はない。でも、政治には答えがない。いろんな人がそれぞれ異なった意見を言う、それが自由だとアーレントは言います。ミラクル、誰も想定していなかったことが起こせるのが政治だと。

アーレントは、ですから多様な異なる人々の語りや行為こそが自由だと言います。自由が開花する場所では、人との間に関係の網の目がつくられ、それが歴史となり、語られて、物語となる。アーレントの自由の興味深いところは、自由な場では、人間は悲劇的だとも言うのです。つまり、他人と一緒に生きていると自分の思いどおりにならないですから。自分の思いどおりにならない状態は自由ではないと思われがちですが、その意外性こそが自由なのです。それを大切にしようというのがアーレントの思想。そのあたりがCRとつながってきます。政治学は、気楽に、他人事をしゃべっていればいいと思っていたのに、アーレントのフェミニスト解釈に出合って、そうではないとわかりました。カナダから帰ってきてからは、政治思想を研究するうえでもケアや家族、人との出会い、自分との出会いが一番大切と考えるようになりました。そして、ここにしか希望はないと思っています。

河野　とてもおもしろい重要な視点ですね。この時代に、アーレントはすでに「反本質主義[*26]」的立場に立っていたのでしょうか。

＊26　本質主義とは、ものの成り立ちを、決定的で変化せず、それ以外には代替がきかないという考え方。ジュディス・バトラー（＊22参照）は『ジェンダー・トラブル』（＊58参照）で本質主義を批判した。

5 「自立」「自己表現」からDV・セクハラまで

DV、セクハラの問題がクローズアップされた

――日本でも八〇年代の終わりごろからフェミニズム運動（＝ウーマンリブ）は下火になっていきますが、九〇年代、運動としては、DVやセクハラに取り組む方向に行ったのではないでしょうか。加害・被害の問題にどんどん行って、そこが一番活気づいていたように思います。

岡野　二〇〇一年にはDV防止法[*27]ができます。政策に結びつくのがDVの問題からですね。一九九九年には、男女共同参画社会基本法ができ、男女雇用機会均等法にセクハラ防止対策が入ります。[*28]一連の男女共同参画の施策も、やはりDVやセクハラの相談の増加が背景にあって進んでいったといえます。

河野　でも、それは運動って言えるでしょうか。言えるとすれば、関連する

＊27　「配偶者からの暴力の防止及び被害者の保護等に関する法律」。〇一年四月公布、一〇月施行。

＊28　九七年の法改正で、事業主へのセクハラ防止の配慮義務が課せられた（九九年施行）。〇七年の改正で、「セクハラの防止措置を取る義務」へと強化された。

施策や具体的サービスを後押ししたのが女性たちだということですよね。それがシェルターネット[＊29]の運動につながった。

――施策は行政が行いますが、それを突き上げる形でシェルターネットなどが運動をしていました。一方で、その加害・被害にかかわらない一般の人たちにフェミニズムが届きにくくなったのは事実です。

カウンセリングを受けにくる人たちの相談内容の変遷

――八〇年代、九〇年代、二〇〇〇年代と、フェミニストカウンセリングの現場での相談内容は、どのように変化していきましたか。

河野　初期の頃は、「自立」「自己認知」「自己表現」といった、「中産階級向け」のようなテーマを掲げていたといえるかもしれません。少しはモノを考えたい、けれどもどのように、どこに向けて考えればよいのかがよくわからないという主婦層が多かったと思います。たとえば「良妻賢母」の自縄自縛《じじょうじばく》が苦しいとか、女らしさから解放されたいとか、自分は誰なのか、とか。なにしろ私はアメリカのNOW育ちで、NOW自体、白人・中産階級が主流と批判されました。それはそのとおりでした。ただし、このような批判によって、

＊29　NPO法人全国女性シェルターネット。九八年、DV被害女性の援助を目的とした民間シェルターをつなぐ「全国女性への暴力駆け込みシェルターネットワーキング」として活動を開始した。

米国のフェミニズムは多様化し、その分すそ野が広がったわけです。

　また、暴力の問題も出始めていたし、それはすでにフェミニズムが、ドメスティック・バイオレンス（ＤＶ）とかセクシュアル・ハラスメントなどの言葉できちんと定義していましたから、回復の流れもわかっていました。ぽつぽつ拒食症や過食症の相談もありましたね。夫婦問題も多かった。さらに、女性の管理職が登場し始めていて、部下が全員男性。このような場合、継承されてきた役割モデルがないまま、どのように振る舞えばいいのかという相談も、少ないですがありました。

　これらはすべてフェミニズムが提唱してきた女性の問題であり、フェミニズムに視点をおけば、とても明確に見えると思いました。だから当時は、多くの女性にアピールしたのですね。「話し合う」ことにお金を支払うだろうかという私の懸念は、次々と来訪するクランエントで吹っ飛びました。

　このような問題傾向は現在でもあまり変わっていないと思います。「女・女間格差」はたしかに生じましたし、一律に女性を括《くく》るわけにはいかなくなりましたが、とくに、継続する問題は暴力でしょうね。ＤＶなどは法律もできて公立の相談所も公私のシェルターも増えましたが、暴力男性から逃げた後の被害者の暮らしの手当てが十分になされていない傾向があります。
これだけ時代が変われば、問題をどうとらえるかによって、対応も違ってくるはずでしょうが、フェミニズムカウンセリング自体がそこまではまだ分析できていないように思われます。というのも、暴力等、ますます増大化するし、臨床心理士は国家資格化されるし[*30]、これからのフェミニストカウンセリングの立ち位置が難しくなりますね。

心理主義化と感情の取り扱い

――九〇年代に入ると、アダルトチルドレン[*31]、共依存[*32]、トラウマ・PTSD[*33]などの言葉がマスコミなどで取り上げられるようになります。また、摂食障害[*34]、うつ、嗜癖《しへき》[*35]、引きこもりなどがクローズアップされます。でもこれらの問題のとらえ方が、心理学への関心の高まりとも相まって、社会的問題というより個人的問題、心理主義化の方向に動いていった印象があるのですが、いかがですか。

河野　もともと臨床心理学なので、心理学でしかないのですが、一五年ぐらい前、上野千鶴子さん[*36]は、形而上的問題[*37]は形而下の問題が解決すれば問題化

＊30　一五年九月「公認心理師法」成立、一七年施行。一八年には国家試験が実施される見込み。

＊31　幼少期の環境や境遇が原因で、大人になっても生きづらさを抱えている人の総称。診断名ではない。語の発祥は「Adult Children of Alcoholics(アルコール依存症の親のもとで育ち、成人した人々)」。

＊32　特定の相手から必要とされることで自分の存在意義を見出し、さらに相手をコントロールすることで満足感や安心感を得ている関係性をいう。

＊33　トラウマとは、大きな精神的ショックや恐怖が原因で起きる心の傷のこと。PTSDはPost Traumatic Stress Disorderの頭文字を取ったもので、心的外傷後ストレス障害と訳される。時間が経ってからも、突然怖い体験を思い出す、不安や緊張が続く、めまいや頭痛がある、眠れないといった症状が出てくる。

しないとおっしゃっています。つまり、社会・経済的基盤がしっかりすれば心理の問題は解決するという意味ですが（『ラディカルに語れば』平凡社）、私は、それは違うと思います。人が一番取り扱いにくいのは感情じゃないでしょうか。とくに否定的感情。不安とか恐怖とか劣等感などは、何かの実態があって想起されることもありますが、想起のために想起されるような場合もあります。亡母などはたえず不安がって（心配して）いました。心配ないといっても彼女の心に入らない。このような感情は空腹の苦しさとは違うでしょう？　こちらは感情が明確ですよね。もちろん、フェミニストカウンセリングが空腹を満たせるわけではありませんが、誰かに食料を提供してもらえば空腹の苦痛は消えます。長期にわたるような深刻な状態ではなく、トラウマになっていなければ。

しかし、おっしゃるとおり、過度の心理主義化傾向は、フェミニストカウンセリングをやっていたときも自重してきたつもりです。社会資源の活用など、ソーシャルワーク的な援助を含めるような視点も大事にしてきましたし、伝統的なカウンセリングのように、成育歴のみに焦点を当てるのではなく、社会的文脈を大事にしてきました。意図的に深層心理（夢分析とか）の扱い

＊34　食行動の障害。拒食症、過食症がある。拒食と過食を繰り返すこともある。拒食症は、認知障害を伴うこともある。

＊35　強迫を伴う習慣。アルコールや薬物依存のほか、ギャンブル、買い物依存、恋愛やセックスへの耽溺など。

＊36　女性学、ジェンダー研究者。著書に『近代家族の成立と終焉』（九四年）、『ケアの社会学』（一一年）、『ナショナリズムとジェンダー 新版』（一二年）など多数。

＊37　形而上とは、はっきりした形がないもの、精神的なもの。『ラディカルに語れば…』（平凡社、〇 年）で「経済的、生活的自立が先行すれば、精神的自立のほうは、あとからついてくる」と語っていることを指す。

も避けてきました。

フェミニストカウンセリングでは、感情表現にいかなる基準も設けなくて、「あなたが○○と感じるなら、それを大事にしましょう」というスタンスを徹底してとってきました。それは感情中心主義とも違います。昨今流行の理屈より感情に訴えて物事を推し進めようとすること、とも違います。クライエントたちは、自分が、「何を感じているのかはっきりしない」とか「実感ってなんですか？」とかの違和感を抱えていて、それらをカウンセリングの話し合いを通して、自分の正直な気持ちとして収めるとか、納得していくのですね。情緒・感情と自分の和解です。そういう意味では、（変化も含めた）クライエントの感情経験を大事にする、当事者主義ということでしょうか。

とくにフェミニストカウンセリングは、女性としての経験を重要なこととして扱います。女性は経験の大事な要素としての感情を社会的文脈において感じている――女性としては怒らないとか、ここでは泣くべきとか――から、感情のありようをジェンダーの縛りから解放して、自分の感じるように感じていいとしています。

第2章

関係の中で自分を育てる

あなたはあなたであってよい

自信がなく、自分のことがよくわからないまま、何かを探していた途上で「あなたはあなたであってよい」という自己受容の感覚を得たことの感動、これこそ私の求めていたものでした。

自分を異端だと感じていた少女時代

一九六八年、二九歳で渡米する前、私は思春期から持ち越した自己確立の問題（このような言葉は知りませんでしたが）に悩んでいました。当時（一九六〇年前後）、こんなことを話し合える友人などいませんでした。友人たちは、私の眼にはのんきそうに映りました。自分を異端だと感じていたのです。私のように自分とは誰か、人生において何をしたいのかを考えたい少女に、どのような思考ツールが提供されていたでしょうか。何もありませんでした。そもそも、なぜ自分を異端と感じていたのか。そこには、周囲の無理解にもまして、若者にありがちな「私のことなどわかるわけがない」とでもいうような傲慢なところもあったかもしれません。

その後、現在まで反差別や民主的な意識や活動から決して離れなかった経緯を振り返ってみても、私の場合は少なからず性格的には気質の側面が強いということがいえるでしょう。とはいえ、当時は戦後の民主主義的教育や風潮が、それなりに根を下ろした良き時期だったことも、無視することはできません。

たとえば、私が中学生のとき（一九五四年頃）、レッドパージで地方に追いやられた教員数人が民主的な教育の意義を説いてくれました。レッドパージ云々は、その情報がどこからどのように私に入ってきたかは記憶にありませんから、真偽のほどはわかりません。しかし、生徒会をつくるように促され、会長選挙に女子生徒も立候補するよう言われた、そのような教育があったことは事実です。当時は、彼ら教員の影響についての評価などできませんでしたが、あとから考えれば私に強い影響を与えたと思われます。

高校では、「左翼的」な生徒の集まる「社会科学研究会（社研）」に入っていました。四国の地方都市ですら、時代が生徒にそのような活動意識を醸成させたといえます。社会活動へのかかわりは、ある側面で自己形成の重要な部分になったはずです。私の思春期の頃に比べれば、今の時代のほうがずっと「保守的」というか窮屈な気がしてなりません。とくに、皆と同じように振る舞うこと、目立ってはいけない、違ってはいけないとでもいう「同調圧力」は、あらゆる面で強まっているように思います。

「違和感」の正体

一九六一年に大学を卒業し、精神病院勤務時代は、労働組合の活動にかかわってきました。ここで強調したいのは、そのような活動に参加しつつ、それでも何か違うという違和感を払拭《ふっしょく》できずにいたことです。それは、不明確、不十分ながらも持ち続けた「批判精神」のようなもの＝感覚でした。

この「違和感」の正体が明確になるのは、フェミニズムとの出合いによってでした。この出合いは必然だったといえます。フェミニズム運動の唱える差別的な制度・法律・意識の変革にもまして、自信がなく、自分のことがよくわからないまま、何かを探していた途上で「あなたはあなたであってよい」という自己受容の感覚を得たこととの感動、これこそ私の求めていたものだとの強い思いを忘れることができません。

女性が社会の中でどのような位置に置かれているか、どんな役割を振り当てられているのか、私たちは生まれたときから学びながら育ちます。その社会で力を持つ者が従属する者を定義するため、女性の特質は十分に探究されず、その価値も認められてきませんでした。フェミニズムが切り開いたのは、女性が自らを探求し表現することを奨励し、性差が社会の中でどのように扱われてきたのか、それによる個々人への影響を正確に分析して女性たちが共有することでした。変わるべきは社会であるというフェミニズムの思想は、それまでの社会が求める役割に自分を押し込めなくていい、あなたがあなたであってよいという女性たちへのメッセージを土台としたものです。それに出合うことによって初めて、私の違和感が払拭されたといっても過言ではありません。

「あなたはあなたであってよい」――この単純にして、核心をつく宝のような言葉こそが、フェミニストカウンセリングのキーワードでもあるのです。

「求める女性」として

私の思春期には、思考ツールも身近なモデルもないという話をしましたが、女性を取り巻く根源的な状況は、現在でも極端には変わっていないでしょう。変わったのは、女性が人間的な成熟とかキャリアへの希求をオープンにしても、あからさまに「女のくせに」といった批判は表明されにくくなったこと、また、女性の多様な役割モデルができたことです。それでも、若い女性が多様なモデルに近づきたいと思える環境づくりは、男性のそれと比べてまだまだ不十分です。

それだけでなく、女性がこれまでに持たされていた役割から自由になるにはまだ大きな困難があります。内面化されたジェンダー規範（「女らしさ」や良き妻・母親役割など）によって、女性自身が自らを縛り、「〜べき」にとらわれることがあるからです。職場など社会的にはようやく性差別が問題とされるようになってきましたが、男女関係など個人的な関係の中で性差別がなくなったとはいいがたい状況ではないでしょうか。

振り返ってみれば、私はつねに、「○○が欲しい、私の○○に応えてほしい」と求め続けてきました。女性は、人に求めることなど推奨されるどころか、逆に「あなたが与えなさい」と言われますが、私自身はこうした「女らしさ」の縛りからは自由でした。それは当時の家庭環境や社会環境、教育環境が強く影響したと思います。敗戦直後は、ごく普通の家庭ですら毎日を生き延びることに必死でした。「男らしさ・女らしさ」が強調されるようになったのは、もう少しあとの時代です。高度成長を経て豊かになっていく過程は、「男は仕事、女は家庭」といった性別役割分業を基礎として発展していったのです。

さて、一九六八年から、フェミニズム真っ盛りの米国への留学で、大きな影響を受けます。それは、NOW（National Organization for Women 全米女性機構、24頁の注5参照）での経験・活動で、フェミニストとしての私の人間的な成長に手を貸してくれました。フェミニズムは、歴史を変えるたぐいまれな素晴らしい試みでしたから。

NOWでの経験を共有したいという思いで

帰国後、とくに日本女性について深く考察したこともなく、市場調査をすることもなく、NOWでの経験を日本でも伝えたい、共有したいという一心で、一九八〇年、フェミニストカウンセリングのルームを開きました。開業後、なぜフェミニストカウンセリングが根づいていったかについては、32頁〜を参照してください。ただ、社会的に形成された日本女性の特性とジェンダー（歴史や文化のなかで担ってきた役割や「女らしさ」「男らしさ」）問題とのかかわりが、現実にこれほど重要な意味を持つとは思っていませんでした。このことは強調してしすぎることはありません。これを強く感じたのは、開業後しばらく経ってからでした。日本女性がいかにジェンダー規範に意識・無意識に縛られているかという現実。それは、個人主義が根づいている米国社会と、家族や身近な他者との間で役割や結びつきを基本と考える日本社会との違いなのかもしれません。しかし日本においても、ジェンダーへの気づきと同時に、個人を大事にして生きてもいいという認識、意識覚醒は、カウンセリング領域のみならず、一九七〇年代から八〇年代の女性の暮らしのあらゆる分野で起きていきました。

個人的なことは政治的なこと

フェミニストカウンセリングの特徴は、クライエントが訴える問題を治療よりも社会教育的な枠組みでとらえる。言い換えれば、人間的な成長を支える視点です。

女性の生きがたさは個人の問題ではなく、社会の問題

よく受ける質問に、「フェミニストカウンセリングと一般的なカウンセリングとはどのように違うの？」というのがあります。クライエント（相談者。カウンセリングを受ける人）とカウンセラーとの対話を通して、クライエントは自己理解を深め、二人の関係の中で起きてくるお互いの（主としてクライエントの）変容を確かめるという流れは、大きくは違いません。ただし、一般的なカウンセリングにおいては、カウンセラーの側に起きる変容を重要視しない場合が多いようです。私個人は、クライエントのみならず、この関係性か

ら大きな成長の契機を与えられたと思っています。

　ここで、フェミニストカウンセリングの特徴をあげてみましょう。一つ目は、「女性の生きがたさは個人の問題ではなく、社会の問題である」という視点。「ザ・パーソナル　イズ　ポリティカル」（「個人的なことは政治的なこと」）というフェミニズムの標語をご存じの方も多いでしょう。「政治的」とは必ずしも狭い意味の政治ではなく、社会構造までも含むシステムの問題です。たとえば、うつ状態を考えてみましょう。とくに周囲に日立った「問題」はないのに、元気が出ない、と訴える人がいたとします。カウンセリングを受けることは考えないで、クリニックに行ったとすれば、一般的に薬を処方されるだけでしょう。しかし、フェミニストカウンセリングでは、話し合う中で、良妻賢母の規範が苦しく、自己実現ができていないことが原因ではないかと気づくことがあります。うつ状態が、ジェンダーの縛りからくることもあると喝破《かっぱ》したのは、フェミニストカウンセリングでした。

　一つケースをあげましょう。もう三〇年ぐらい前のことです。一人の女性医師が来所されました。夫も医師です。長い間うつ状態で苦しみ、夫の友人の精神科医から薬をもらっているが、あまり好転しないとのことでした。担当精神科医は「そう焦らずに」と助言するそうです。これはこれで間違ってはいませんが、彼女は、言外に「夫もいて生活に困るわけでもないのに、女性のあなたが焦って働く必要はないんじゃないの？」という「非難めいた感情」を感じたと言います。医学は日進月歩。一年学会を欠席したら、もう次年度はどうなっているかわかりません。担当医は、そんな自分の気持ちをわかってくれないと彼女は思いました。女性の感情体験は、キャリアウーマンとしての焦燥がわかっていないというのは、深刻です。女性の感情体験は、こうあるべきと規定する視線では見落とされ、受け止められることはありません。一方、女性のキャリアを推進したいフェミニストカウンセリングは、その焦りの気持ちがよく理解できます。

こうしたケース以外にも、隠れた性別役割意識が女性を押しつぶしてしまうことがあります。今の時代、パートナーに「家事や育児を共に担ってほしい」と言う女性は増えましたが、感情のケアで女性がへとへとになっていることは意外と知られていません。自分はさて置いて目の前の人の意を汲むことが求められます。女性の多くは、対人関係の調整やコミュニケーション、情緒的な世話を得意としています。それは女性の役割とされることが多く、また自らもそのように動いてしまう、それほど身についたものだということです。

そこで、私はよく「相手の感情の責任を取らなくていい」と女性たちに言ってきました。これまで女性が身につけてきた感覚を見直して気づきを促し、自らを変化させ、その変化を通して問題を解決していく。それは、クライエントが今ある社会の要請に適応して問題解決とするのではなく、よりその人らしく生きられるよう成長を支える、ということです。

二つ目の特徴は、女性の体験を重視することです。それは、カテゴリーとしての女性の体験がよく似ているからで、背景には、女性が歴史的に差別され、虐待されてきたことがあります。たとえば暴力の問題。暴力の対象には、どのような女性でもなりえます（男性が被害者になることもあることを否定するわけではありません）。米国で八〇歳の女性がレイプされたという事例がありました。私自身、若い頃から今に至るも、後ろから来ているのが明らかに男性だとわかり、周囲に誰もいない、薄暗いといった状況においては、くるりと振り返ってわざわざその人とすれ違うという行動をとってしまいます。男性の暴力には敏感にならざるを得ない体験が共有されます。

クライエントが自ら問題を定義する

三つ目の特徴は、クライエントが訴える問題を治療よりも社会教育的な枠組みでとらえていくということ。言い換えれば、人間的な成長を支える視点です。この意味では、フェミニストカウンセリングは、医療モデルを踏襲していません。根本に、人間の存在自体は、社会的な構造の中に位置づけられるという認識があります。一般的なカウンセリングは、社会的主体としての「個」より成育歴を、たとえば母子関係のゆがみをみることを重要視します。母子関係のみに焦点をあてるのは、クライエントの存在そのものの理解を限定することになるでしょう。フェミニストカウンセリングとは、クライエントの提示する問題を、上述したような視点で、カウンセラーとクライエントがともに考えて探っていく作業です。

四つ目に、カウンセラーとクライエントの関係性がより対等であることをめざしています。最初の開業ルームである「フェミニストセラピィ〝なかま〟」のパンフレットには、次のように書かれています。

私の前を歩かないで／私はついていってないかもしれない／私の後ろを歩かないで／私はリードしていないかもしれない／私の横にいてほしい／そして友人であってほしい。

（キュウムス）

いうまでもなくクライエントの回復を援助するには、それなりの責任もあり、すべての次元・場面で平等というわけではありません。カウンセラーは、さまざまなパワーを持っています。これは、カウンセラー自身の、望むと望まないにかかわらず属性としてついてまわります。たとえば情報のようなパワーは、むしろ持っていなければなりません。専門性の基本とは、カウンセラーがいかなるパワーを与えられ、それがクライエントとの関係にいかなる影響を与えているかに敏感であることでしょう。そのたえざる相対化は必須であって、つねにクライエントとの関係性においてチェックされなければなりません。その意味で、フェミニストカウンセリングが、伝統や権威や学閥から自由であることは、幸いとされるべきでしょう。

五つ目は、訴えの脱病理化。これは、相談内容を安易に「問題化（病理化）しない」ということです。米国で出されているDSM（「精神疾患の分類と診断の手引」）は、日本の精神科領域で広く使用されていて、非常にわかりやすい手引です。「○○という症状が○○期間続けば、○○が疑われる」という具合。この診断基準を使って「○○でしょう」と診断っぽく言えば（カウンセラーがこういうことを言うと、厳密には医師法に抵触します）、なんとなく専門家のような気分になれます。しかし、病理化しないということは、いかにDSMに精通していると思っても、そのような予断をもたないことです。なぜなら、診断ではなく、クライエントをどう理解するかが求められるのがフェミニストカウンセリングですから。大事なのは、問題を「専門家」が指摘し、「診断」することではなくて、クライエントが自ら問題を定義することです。それは、クライエントが自らを「うつ病」だとか「○○神経症」だとか述べるのではなく（述べてもいいのですが）、それよりも自分にはこういう問題があるのだ、と納得することを指します。

私が現役時代、深く影響を受け、師でもあったハリー・S・サリバン（精神科医）の言葉を紹介しておきましょう。ある研修の場面と思ってください。「この患者さんは、どういう人？」と彼は問います。研修生たちはそれぞれに、患者さんの多様な統合失調症の症状を述べ立てます。「それはわかっているよ。でもわからないのは、この人がどんな人かということです」。研修生たちは、沈黙してしまいます。研修生たちがみていたのは「病気＝症状」でした。

もちろん、相談内容を（それが何であれ）、ただちに「それは問題ではないでしょう」と断じることがよい、と言っているのではありません。解決・回復の方針が問題群によって異なるのは当然ですが、相談者の解決・回復能力を信じ、当事者自らが問題とみなしている事柄を脱病理化するプロセスを援助するのが、フェミニストカウンセリングなのです。

自分に正直であること

正直であるとは、他者に嘘を言う、言わないということより、自分に対して正直であることを指し、こちらのほうを重要視します。他者に向かって、何かを否定したり肯定することはいくらでもできるでしょう。しかしそれらが真実かどうかは、自分しか知りえません。

カウンセリング講座の開設

カウンセリングルームの開業後数年経って、カウンセリング講座を持つことが要請されるようになりました。でも私には躊躇がありました。民間の講座で専門家を育てることは容易ではありません。とくに、実習的な体験をどうすれば持てるかが不明だったからです。私の米国の大学院時代は、何よりも実習が強調され、週のうち三日は実習地に赴き、実際にクライエントに面談していたので、その重要性はことのほか切実でした。

そもそも「専門家」とは誰のことでしょうか。フェミニストカウンセリングでは、必ずしも心理学科を卒業していることが必要条件にはなりません。女性の体験を重要視する限り、カウンセラーとクライエントは「専門家VS患者」という位置づけにはなりませんし、フェミニズムの当初からレイ・カウンセラーという考えがありました。暴力等の被害者が回復後、他の被害者の援助者になることをレイ（素人）と呼びます。素人ですが、このような事例において体験の共有（理解が深い）は最重要事項ですから、ある意味では心理学科出のカウンセラーより役立つことが立証されています。

このようなことも考慮し、さまざまな状況を想定して、カウンセリング講座の開設に踏み切りました。「カウンセラー養成講座」とはしていません。カウンセラーになるかならないかは置いといて、フェミニストカウンセリングとはどのようなものかを知るというところに主眼がありました。受講生は、親族に「障害者」がいるとか、何よりも講座を通して自分を知りたい、何かを学びたい、それによって今ある自分の生をもっと豊かにしたいと考える方々でした。自分一人の学びや成長ではなく、家族や周囲との関係性に悩み、考えてきた体験を整理して、ジェンダー構造を組み込んだ視点で見直す新しい体験です。

参加数二五名程度、週一回午後（フルタイムの仕事を持たない人向け）と、夜（フルタイムの仕事を持っている人向け）の二時間、一期を二年間とし、五期まで続けました。この講座の元受講生が各地に散らばって、フェミニストカウンセリングのルームを開業していきました。

終了後、すぐに家路につけないわけ

講座では、ものすごい熱気が溢れ出しました。午後の部の受講生は終了後、喫茶店に席を移し、私の講話をあれこれ論評し、漏れ残った感情を拾い、お互いにしゃべり夕食前に慌てて帰宅すると聞きました。夜の部の人たちも同じで、居酒屋で粘ったようです。そこに講師がいない分、講座の場より自由になれます。仲間意識が醸成され、信頼も増していき発言が自由になるにつれ、相手にきちんと尋ねるという経験が積み重ねられていきます。

ちなみに、個人カウンセリングでも似たような行動を取った人が少なからずいたようです。まず、入室前に喫茶店で気持ちを整理する、そして終わればまた同じく気持ちをなだめ落ち着いたのち帰宅する、という具合。つまり、講座でも個人カウンセリングでも、普段あまり認識しない、あるいは認識したくない感情・情緒を取り扱うから、日常生活に戻るためにはワンステップが必要なのです。

たとえば、講座で「親孝行をしたい」との発言があったとします。このような感情については、日常の場では、「そうですか。いいことですよね」と評されるだけでしょう。講座では、ここをあえてスルーしない。講師である私やメンバーの誰かから「本当にそう思っているの？」と疑問が提示されます。「親孝行したい」と発言した人は、自分の感情に対峙します。「親孝行する」というのは、一般的には「正当な」感情だから、なんとなくそう発言したにすぎない、とか、親孝行などしたくないという真逆の感情を持っているので、それを隠すために親孝行をしたいという発言になった、とか……。やがて自分の本当の気持ちを探り出し、認識します。隠されていた母・娘問題（148頁参照）が顕在化します。ここでは、自分の本当の気持ちに向き合うということが行われます。正直であるとは、他者に嘘を言う、言わないということより、自分に対して正直であることを指し、こちらのほうを重要視します。他者に向かって、何かを否定したり肯定することはいくらでもできるでしょう。しかしそれらが真実かどうかは、自分しか知りえません。

特筆すべき点は、ある意味、自己を偽ったり粉飾しながら生きてきた現実を露呈し、それについて話し合い、受け入れてもらえることの信頼から生まれる自己表現の快感を知ったことといえるでしょう。言葉が紡がれ、新しい語彙の獲得、適切な定義による自己・他者理解の深まり……。それが初めての体験だとすれば、熱気がほとばしるのも当然といえます。そこにはイキイキと自我を認識し拡大化している、かつてない新しい経験が満ちていたのです。

コラム❶

日本フェミニストカウンセリング学会の歩みとともに

海渡　捷子

■それまでの価値観が揺さぶられて

　私がフェミニストカウンセリングに出合ってから四〇年近い歳月が流れた。私の人生の半分以上になる。成人してからはほとんどフェミニストカウンセリングとともに歩んできたのだと考えると、時の流れの速さに驚くが、同時に感慨深い思いにもさせられる。私にとってフェミニストカウンセリングとの出合いは、イコール河野貴代美さんとの出会いでもあった。

　子どもが手を離れ自分の時間が持てるようになった三〇代に、私は心理学や、カウンセリングの基礎を学んでいた。その後経済的理由から学校が閉鎖され、残されたクラスメイト十数名とともに勉強会を続けていた。確か一九七八年のことだったと思う。ある日、そのうちの一人が新聞に出ていた河野さんの記事を見つけ、相談の結果講師としてお招きすることになった。それは「自己主張トレーニング」の紹介記事だった。私にとって、フェミニストカウンセリングにつながるものとして最初に知ったのが「自己主張トレーニング」であり、「自己主張してもいいのだ」「女性にとって自己主張は大切なこと」というフェミニズムと連動するトレーニングそのものがとても大きな驚きであった。

　それまでの自分の価値観が揺さぶられ不安定になりそうになりながらも、学んだものを決して手放さなかった。動揺する気持ちをなんとか持ちこたえながら、それでも手放さなかったのはなぜだったのだろう。それまでの私は世間の価値観に合わせられない自分をもてあまし、無理に合わせることで自分をごまかしながら毎日を生きてきていた。ごまかしていることにも気づいていなかった。トレーニングによって、そのことへの痛烈な痛みを感じさせられたからこそ手放せなかったのだろう。手放してはいけないと思ったのだろう。それは私の中に内在化されたジェンダーとの強烈な出合いであった。

河野さんとのかかわりは、そのときはそれで終わったのだが、その後友人の主催する会で偶然の再会があり、カウンセリングルーム「フェミニストセラピィ〝なかま〟」に誘われて参加することになった。一九八〇年のことである。季節は春、桜が綺麗だった。

▩日本フェミニストカウンセリング研究連絡会の発足

その後、フェミニストセラピィ〝なかま〟は日本初のフェミニストカウンセリングのルームとして多くのマスメディアにも取り上げられ、徐々にクライエント数も増えていった。一時はウェイティングリストがすべて埋まり、二〇人待ちも珍しくない日が続いた。世界的にも「国際婦人年」や「世界女性会議」など、ジェンダー規範に対して女性たちの自立や地位向上がテーマになっていた。日本社会でも女性たちの「自立」や「自己実現」などが言葉として多く使われ始めていた。こうした時代の流れはフェミニストカウンセリングの発展のための追い風となったし、河野さんが米国から持ち帰ったフェミニストカウンセリングは、何かが違うとモヤモヤとした感情を抱えもっていた女性たちの乾いた心に大きな問いかけとともに潤いも与えてくれた。

河野さんの尽力により、フェミニストカウンセリングの主な拠点が各地にでき、それらを連携し全国展開するための日本フェミニストカウンセリング研究連絡会が一九九三年に発足した。それに伴い、全国大会の開催が翌年一九九四年から始まり、今年二〇一七年で連続二四回を数えたことになる。第一回全国大会の会場は、東京都八王子市であり、運営委員が選出された。全国から参加者が集まり、熱気に満ち満ちた確かな手応えのある大会となった。

教育訓練始まる

ハードはできた。次はソフトを充実させる必要があった。それはフェミニストカウンセリングの基礎からを学ぶためのもの、つまり会員対象の研修プログラムをつくることである。運営委員会で研修内容を詰め総会の承認を得て、運営委員による教育訓練部が中心となり、一九九八年七月「教育訓練（初期は現任者訓練、後に教育訓練と名称変更）」がスタートをした。これは同時に資格認定を視野に入れての実施であり、総会でもすでに報告済みであった。

米国を中心とした一九六〇年代後半からの第二波フェミニズムの流れは、やがて日本にもその影響を及ぼした。一九八〇年代には、女性の生き方の見直し、いわゆる新しい女性の生き方が問われ始めていた。行政が「女性センター」をつくり、「女性相談室」ができてカウンセラーが求められるようになってくる。

「ジェンダーにとらわれず自分らしく生きる」というフェミニストカウンセリングの理念は、フェミニストであるカウンセラーの理念でもあり、女性相談のカウンセラーにふさわしいのだが、フェミニストカウンセラーであること、それを証明するものが何もない。少し大げさにいえば、フェミニストカウンセラーは社会を変えていく使命を担っているといえる。だからカウンセラーとして生きづらさを抱える女性たちとかかわっていきたい。生き方を変えることで社会も変わるのだから。それならば早急に資格をつくることが必要なのではないか。それがフェミニストカウンセラーを生かすことでもあり、社会を変えることにもつながる。この思いが、資格をつくることへの大きな一歩となった。

資格認定と学会の立ち上げ

では、その資格認定はどこが出すのか。研究連絡会か、それとも新しく学会をつくりその学会が出すのか。運営委員会は資格検討委員会を置き、東京、大阪で資格のための公聴会を開いた。また、資格認定委員会を設け、二〇〇一年に「フェミニストカウンセラー資格認定審査要項」を発表。一〇月に盛岡で行われた全国大会・総会で、変更などが提案され、承認された。資格認定団体として「日本フェミニストカウンセリング研究連絡会」から「日本フェミニストカウンセリング学会」へと名称変更した。さらに、「日本フェミニストカウンセリング学会倫理規程」「日本フェミニストカウンセリング学会規約」の設定、「日本フェミニストカウンセラー協会」の設置を経て、二〇〇二年四月、認定フェミニストカウンセラーが誕生した。

私とフェミニストカウンセリング

こうしてフェミニストカウンセリングの歴史を振り返ってみると、いろいろなことが浮かび上がってくる。

私自身、フェミニストカウンセリングと出合って意識が変わり、生き方が楽になったのはいうまでもないが、なにより、ていねいな生き方をするようになったことは大きな変化である。フェミニストカウンセリングと出合う前の私は、男性の自由さがうらやましく男になりたい人だった。男性の自由は男女の平等性から成り立っている自由ではなく、女性たちの犠牲の上で成り立っているのだとわかってから、自由についての男性への羨望はなくなった。そして、平等であることの中で本物の自由を得たいと思った。本物の自由は女性にしかわからないのではないかと思ったとき、女である自分を本当に大切に思えるようになった。

フェミニストカウンセリングと出合って本当によかったと思えるエピソードの一つである。

人と共にいるということ

人は人によって傷つけられ、それが何よりも痛手になります。
しかし、その傷や関係を癒してくれるのも、また人なのです。

面接を大事に――個人カウンセリング

フェミニストセラピィ〝なかま〟の一番の大事な活動は、個人カウンセリングでした。できれば週一回一時間、隔週一回もありですが、それ以上間が空くのは避けてもらいました。なぜなら、間隔が空けば、前回話し合った内容の感想、気づきなどが次回までに消滅しかねないからです。これは、どのようなカウンセリングもほぼ同じといってもいいでしょう。

臨床心理士仲間の開業には、結びつきのある開業医から紹介されてきたクライエントなどがいて、そのネットワークに頼れますが、フェミニストカウンセリングは独立独歩の歩みであり、経済的にルームを支える一回一回の面談がとても重要になります。換言すれば、面接を大事に、クライエントを大事にしてきたといえます。

あるクライエントから学んだ体験を披露しましょう。Aさんは、少し変わった仕事をしているとおっしゃる美しい方でした。私のことは何かのメディアで知ったようです。彼女は、ご自分を十分に説明できる語彙をお持ちで、過不足なく表現されます。ある時期以来キャンセルが続き、姿を見せなくなりました。このような場合、変わりはないかを伺い、再度の拝顔を願っているといった簡単なハガキを出します。Aさんは再度来所されました。そして、なぜ自分が来なくなったかを知りたいかと尋ねてくれたのでした。私は「もちろんです」と答えました。彼女が言うには、あるとき私が、彼女をステキだとコメントしたことが理由だ、と。「ステキだ」というような評価に対しては、その期待に応えなければいけないと感じることが重荷だったと言うのです。たぶん私は、内心ステキだと思っていたから、ふと口に出してしまったのでしょう。じつは、他者の期待（と思われるもの）に必要以上に応えようとするのがAさんの問題だったのでした。

クライエントから学んだことはたくさんあります。クライエントから学んでいない援助者を私はあまり信用しません。

グループワークの意義

フェミニストカウンセリングには、個人カウンセリングのほかに、小集団活動がありま す。これを私は、グループワークと名づけました。「グループワーク」とは、本来ソーシャルワーク（30頁の注11参照）の一方法論として使われる言葉です。そもそもフェミニストカウンセリングは、臨床心理学よりソーシャルワークのほうに親和性を持つと考えています。私は、グループワークを次のように定義しました。

グループワークとは、同じ（よく似た）体験をベースにしながら、話し合いを通してグループ内で起きる相互作用を支えに、個人的回復や市民としての成熟、つまり自己変革を目標にし、ひいては社会の変革までを視野におさめる小集団のさまざまな活動である。

（河野貴代美『女性のためのグループ・トレーニング——出会いと回復のレッスン』学陽書房、一九九五年）

これに加えて、三つの特色を強調しました。①主として女性を対象にすること、②理想的にはリーダーレス、つまり自助です（後述する自己主張トレーニング〔86頁参照〕は、最初は訓練されたリーダーが必要ですが、経験をふめばリーダーレスでやれます）、③共生の考え、です。障害者と健常者が、高齢者と若者が、女性と男性が共生すること、そして市民参加型（ＮＰＯや個人ボランティアなど）の、多様な生き方を可能とする社会をつくり出すこと。そのためのノウハウの一つとして参考にしてほしいと思っていました。

グループワークの基本的よりどころは、人です。人は人によって傷つけられ、それが何よりも痛手になります。しかし、その傷や関係を癒してくれるのも、また人なのです。人を避けては生きていけないのはいうまでもないし、孤立や疎外の生活がどれほどつらいかは誰でもわかっています。ひっそりと誰にも迷惑をかけずに生きていきたいと言うことは簡単でしょう。しかし、生存の基本である食料だって食料生産者に支えられています。この意味で、私たちは社会的存在であることを免れません。人とともにいることの喜びも、わずらわしさや悲しさも、他人との関係の中にあります。

人は他人との交流を通して成長します。その不安・葛藤・悲しみや喜びなどは、他人の自分に対する理解を深め、お互いの受容を促進させます。この過程で「自分らしさ」が形成されます。そして対人関係は、じつはトレーニングによって少しずつ上達するものなのです。どうぞ恐れずに自分を開いて、他者に向かってください。それがあなたらしさを開く鍵となるでしょう。

女性自身の意識変革——ＣＲ

男性中心社会の中では閉ざしてきた女性の本音が共有され、それをさらに話し合うことで、「これは私個人の問題ではない、女性全体の問題だったのだ」という気づきが起きてきます。

米国の女性解放運動の中で生まれたＣＲ

グループワークの一つに、ＣＲ（consciousness-raising）があります。日本語では「意識覚醒」と訳されています。

この活動は、一九六〇年代の後半、米国で女性解放運動が盛り上がる中で、重要な役割を果たしました。女性解放運動は、差別的制度の撤廃や改革とあわせて、二級市民とされていた女性の意識改革をめざしていました。これは第二波フェミニズム（41頁の注20参照）運動の大きな特徴です。社会的・政治的制度が変わっても、女性の意識が変わらなければ

「仏作って魂入れず」になります。たとえば、ブラジャーやガードルで体を締めつけたり、化粧やヘアスタイルにムリをし、またハイヒールを履いて女らしさをみせるなど多種多様な「女らしさ」に異を唱え、さらには良き母・妻役割の拘束から自由になることなどが主張されました。

私の経験した米国におけるCRの方法は簡単です。まず、女性解放運動関係のミニコミ誌やコミュニティセンターの掲示版に「CRをやりませんか」といった告知を載せます。CR活動が大きくなればなるほどすぐに目につくようになります。そしてグループがつくられます。一〇～一五名程度の女性が週に一度、メンバーの私宅に集まり、一回二～三時間、女らしさのキーワードをめぐって、その週に決められているテーマについて話し合うのです。たとえばテーマは、「パートナーとの関係」「友情」「否定的な感情」「うつ状態」「セックス」や「妊娠・出産」など、メンバーが自由に決めます。

重要なのは、キーワードについての討論ではなくて、それに関する感情や情緒の表現が主になるということです。発言に是非の判断をしないことも大事な約束です。誰かが、たとえば「うつ」について話し始めたとしましょう。「どういうときになるの？」とAさん。「批判されるとか責められると落ち込む」と発言者。これをきっかけに、それぞれが自分の体験を話し合い、発言者のすぐに落ち込む傾向が理解・共有されると同時に、批判されると、ムッとするより落ち込むほうが、「女らしさ」のジェンダー規範により従っているのではないか、といった了解が示されるかもしれません。もちろん必ずしもこのような結論に導かれる必要はなく、多くの場合、言いっぱなし聞きっぱなしで終わりです。

CRに強い思い入れを持つ理由

現在、この活動は日米ともに、ほとんど終息しています。その理由も書いておきましょう。本来、CR活動には司令塔があるとか、著名なリーダーがいて方法論や理論が出回っていたわけではありませんでした。創始者がいたのでしょうが、それが誰かもわからず、非常に自然発生的かつクチコミ伝承的に広がりました。誰かが話を記録するなどありえないから研究対象にはなりえず、論文も著作もほとんどないといっていい状態でした。これこそが、CRのすぐれた非伝統的な特徴だったともいえます。

しかし、CRがフェミニズムと連動していた以上、フェミニズム運動の衰退に影響されました。ただし、衰退とみえるものを別の角度からみると、少なからず女性が獲得してきた「実り」もあったといえるでしょう。いかなる素晴らしい運動であっても、時が経てば、その新鮮さを失います。マンネリ化し、人々を引きつける魅力は色あせます。それにもまして、米国のフェミニズムは、女性の政治家、実業家、研究者、専門家などを従来とは比較にならないほど排出させ、女性にとっての多様なライフスタイルを可能にさせ、また定着させせました。

日本では、私がフェミニストカウンセリングのルームを開業する前の二、三年間に、仲間の女性たちと断続的にCRをやっていました。この活動を始めた理由は、一人一人の女性が「女らしさ」の自己否定的呪縛から解き放たれて、「私が私であっていい」という強力なメッセージを共有したかったからです。

私がなぜCRに強い思い入れを持つのか。それは、米国での体験のインパクトが大きかったからです。話し合いという素朴な方法を通して、女性が自らを説明し、またその理解が共有されるという体験を初めてしました。そもそも女性は自らについて他者に語った経験はほとんどないでしょう。誰かが自分に興味を持っているとは思っていなかったからです。しかし、語らなければ内実はよくわかりません。十分な関心と関与のあるところで人は自分を開きます。語ることを通して自分への関心が深まり、語彙が豊富になり表現力が磨かれるでしょう。そして、他者の話を聞き、まわりを見渡せば、女性差別の諸現象に気づきます。意識覚醒とはこのようなことでした。換言すれば、男性中心社会の中では閉ざされてきた女性の本音が共有され、それをさらに話し合うことで、「これは私個人の問題ではない、女性全体の問題だったのだ」という気づきが起きていったのです。重要なことは、このような覚醒が、誰かに言われたから、教えられたからではなく、自分の理解や認識を通して内的に起きてきたということです。

昨今はCR的な手法を用いて、社会的に規定された自己像を相対化し、自分を表現し、その多様なニーズを明らかにしようとする試みが続いています。セクシュアルマイノリティのグループをはじめ、障害者、シングルマザー、非正規労働者、暴力被害者、福島からの避難者などのグループなどに、当事者の体験を重視し共有する手法として引き継がれています。

自己評価を高める――ATとSET

自分が自分を深く受け入れることなしに、人を受け入れることはできません。女性が自分を知り、自分を受け入れ、自分を大事にしていいのだと思えることが、まずは必要です。

自分を表現するために

女性に多くみられる性格特徴の一つに「自信のなさ」があげられますが、これは言うまでもなくジェンダーにかかわっています。「自信がある」のは女性らしさにそぐわないし、「ごめんなさい。私が悪かった」で済ませば、場が丸く収まると自分もまわりも思うことが多いのはご存じでしょう。たとえば、ささいな夫婦喧嘩でも、自分に非がなくても妻のほうが謝る場合が多いのではないでしょうか。自分をはっきり主張するよりも、関係全体の調整役を担ってきた女性ですが、このような行動パターンが継続されれば、自信をなくすのは当然の帰結と思われます。自分を表現せず、いつも譲ってばかりいると、いつの間にか自分の意思や感情がわからなくなり、何かモヤモヤする、これはやはり私が悪いのだろうかと考えてしまうのです。

もう一つは、自信という言葉自体です。これはえてして、持っているか持っていないか、あるいはできるかできないかという基準で測られがちです。これでは対象の基準によって、自信が常に上下してしまいます。多くの女性がすぐに「私なんて……」と自己卑下をしますが、このパターンを常用すれば同じく自尊心の低下を免れません。

最後は、単純に「ノー」が言えない問題です。「ノー」と言えば相手に悪いのではないか、と懸念する。ここで罪悪感と過剰な他者への忖度《そんたく》が連動します。その結果、無理に引き受けあとで困るとか、ひどい場合は、ノーと言えなかった自分より、頼みごとをした相手を責めるという事態になりかねません。相手に悪い、相手が不快になる、自分をひどい人だと思うに違いないなどと忖度する。しかし単純に考えてみてください。憶測だけですから、相手の本当の気持ちはわからないのです。

とくに日本の文化では、本音と建て前を分け、これは建て前であって本音は違うと使い分けのできるほうが「できた人」と言われがちですが、私自身は基本的にもう少し正直に生きたいと思っています。たとえば本当は断りたいのに、それができずニコニコしつつ

「いいわよ」と答える場合、相手は嫌だと思っているとは想像できないでしょう。正直な自己表現をして生きている人は、目の前の人の自己表現についてもまっすぐに受け止めるでしょう。いいと言ってくれているけれど本当は嫌なのではないかというような、確認できない推測にエネルギーを吸い取られるよりも、率直な人間関係の中で生きていきたいものです。

自己主張トレーニング（アサーティブトレーニング、略してAT）や、自己尊重トレーニング（セルフエスティームトレーニング、略してSET）は、CRと同じく、女性の意識解放を目的としたグループワークで、女性が自己評価を高め、他者との関係をよくするためのスキルの習得方法でもあるのです。

自己主張トレーニングは対人関係の中の自分の快適さが目標

自己主張トレーニング（以下、AT）とは具体的にどのように行われるのか、少し解説してみましょう。まず、トレーニング全体の回数は参加者の人数プラス一回（最初の説明と最後の振り返り）で、一回に二〜三時間をとります。

ATでは、女性の行動パターンを三つに類型化します。①非主張的パターン、②攻撃的パターン、③主張的パターン、です。最初に自分の表現について、この三つのどれにあたるかを考えてもらいます。「非主張的」と「攻撃的」は一見正反対にみえますが、じつはメダルの裏表で、「自己主張すべきではない」という信念や習慣に基づくものです。「言うべきではない」と思うところから、言いたいことを抑えて我慢しているうちに溜まりに溜まった感情が吹き出して、その結果「攻撃的」な自己表現となってしまいます。ATがめざす「主張的な」自己表現とは、自分の気持ちや意思を過不足なく伝え、相手の対応に左右されず、さわやかに自己主張するということです。

「言いたいのに言えないこと」はそんなに重大なことではなく、ちょっとした日常の中にあります。たとえば、マンションの隣の人に「夜間のテレビの音量を小さくしてほしい」とか、繁忙期の職場で上司に「今日は残業をせずに早く帰りたい」など。そんな例題を具体的に参加者に出してもらい、言いたいことを言葉にして考えてみて、実際にロールプレイ（役割劇）でやり取りします。参加者にも意見をもらい、何度も繰り返し練習します。自分のことはわかりにくくても、グループの別の人がやっているのを見て、学ぶことや気づくことも多い。これがグループダイナミズムです。言いたいことを普段から飲み込んで他者優先に慣れている女性にとっては、自己表現そのものがこなれていない、練習していないから苦手でできないことが多いのです。

ATは、言いたいことを言って相手を変えたり従わせたりすることに主眼があるのではありません。言わない、言えないことで自分の中にネガティヴな感情が溜まり、結果的に相手との関係が悪化してしまう事態となります。ATは、よりよいコミュニケーションをめざし、対人関係の中での自分の快適さが目標だということです。自分を出さずに抑えていると、本当の自分を出すとみんなに嫌われるのではないか、そんな思い込みが膨らんでますます自分が出せなくなります。まず言葉にしてみる、自分を表現してみることから、人間関係の中の自分のストレスが軽減され、結果的に人との関係がうまくいくようになります。グループでは、一人一人のロールプレイを終えて、最後回で全体の振り返りをします。このグループに参加してどうだったのか、自分がどんな気持ちなのかをここでまた話し合うのです。

グループの中で自分を開きそれが受容されることで、自分を対象化することが可能となります。「私」を主語に話すことが奨励され、支持され、これがよりいっそう明確な「私」をつくっていくのです。

自己尊重トレーニングは自分と向き合い、受け止めていくプログラム

米国で行われていたATを日本に導入しようとしたところ、このようなことがありました。ATでは参加者に「自分が言いたいのに言えないこと」を出してもらい、言いたい内

容を整理してロールプレイします。ところが、いく人もの参加者が「自分の言いたいことがよくわからない」というのです。自己表現はよくないとする日本の女性たちの感覚は、いつしか自分の感じたことをキャッチせず、目の前の人の意向や感情を汲み、自分を後回しにすることが習慣となってしまいます。そこで、AT以前に、自分自身に目を向けて自分の意思や感情をつかむこと、言い換えると自己尊重の感覚がまずは必要ではないかと仲間たちと話し合い、そこからフェミニストカウンセリング独自のプログラム、自己尊重トレーニング（以下、SET）がつくられました。

これは、毎回ロールプレイをするATとは違い、各回ワークシートやチェックリストを使って、順を追って自分に目を向けて気づいていくプログラムです。自分の自己尊重度を測り、苦手な領域などを知り、今の自分を探索します。たとえば「自尊心と出来事グラフ」を書いてグループで自己史を語り、受け止められる体験をしたり、「対人関係マップ」を書いて、自分が感じている人間関係を改めて見直してみるなど、自分と向き合い、受け止めていくプログラムとなっています。

プログラムの内容もさることながら、グループ全体が、女性にとって安全な場であり、「あなたがあなたであってよい」というフェミニズムのメッセージに満ちています。私はこれを「より良き環境」を代理すると呼んでいます。これが参加者にとって、SETが気持ちに響く体験になるところなのでしょう。自分が自分を深く受け入れることなしに、人を受け入れることはできません。女性が自分を知り、自分を受け入れ、自分を大事にしていいのだと思えることが、まずは必要だということです。

新しい服探し

女性センターでの相談業務を、「着ている服がきつくて合わない。でもいきなり脱いだら風邪を引くから、自分のからだに合った服を探さなければならないが、どこでどのように選べばいいかわからない」方々のための、ていねいな新しい服探しなどと表現していました。

各地でのルーム開設

地方都市での講演をきっかけに、講座開設の要請が来るようになりました。私は東京での講座を続けながら、名古屋、仙台、北海道、熊本に出向きました。各地で「○○の会」といったグループが結成され、公民館等の場所を借りて講座が開かれました。その後受講生が、地域で「フェミニストカウンセリング○○」「○○ウイメンズカウンセリング」などの名称でルームを開設していきました。

私自身は、一九九〇年、「フェミニストセラピィ〝なかま〟」設立一〇周年を機に、大阪に移ります。フェミニズムの視点による女性の健康相談所「ウイメンズセンター大阪」に、カウンセリング部門を設置しました。講座が開設され、数年後、そこで養成された受講生が堺、京都にルームを開設しました。大阪には六年ほど滞在し、各地にスーパーバイザー（教育訓練者）として赴きました。一時期、民間のフェミニストカウンセリング開業ルームは、日本全国、札幌から熊本まで三〇カ所に及びました。

なぜこのようにフェミニストカウンセリングが求められたのでしょうか。当時、フェミニズムは、男女平等や男性の家事・育児への協力、女性の地位の向上などをスローガンとして活動が続けられていました。一方では、「ウーマンリブ」系（34頁の注15参照）のラディカルな主張（「抱かれる女から抱く女へ」「便所からの解放」等）と行動がありました。しかし、これらの主張をそのまま自分のものとするには困難が伴いました。職場での改善しない男女不平等の現実、家族や他の親族への責任と縛り……。さらには、「自分とは何者？」に対する答えが手近に、目に見えるように存在しているわけではありません。フェミニストカウンセリングは、答えを与えるのではなく、徹底して「共に考えていく」という方向性を持ちました。全国で求められていった理由には、「共に考えていく」体験が、いかに楽しかったかということがあげられるでしょう。フェミニストカウンセリングは、女性たちに学びの快感を提供できたのだと思います。

私自身は、国家資格になった精神保健福祉士、社会福祉士、介護福祉士の養成のために大学にポストを与えられ、その後にさらに国立大学に迎えられ、フェミニストカウンセリングへのかかわりは減少していきました。フェミニストカウンセリングは、二〇〇一年、日本フェミニストカウンセリング学会に発展し、二〇〇二年以降学会認定のフェミニストカウンセラー（名称独占）を排出することになりました。

女性センターでの相談業務

もう一つ、フェミニストカウンセリングが担った重要な活動に、女性センター（現男女共同参画センター）での相談業務があります。フェミニストカウンセリングの視点で相談業務を始めたいという流れができてきたのは、八〇年代中頃です。東京都二三区内で、女性センターの相談業務に携わっている比較的フェミニズム志向の強い職員が、メディアでの私の発言に共鳴して、取り入れるようになったのでした。

女性センターは、一九七六年「国連女性の一〇年」スタートを機に大きく変貌を遂げました。それまでのお稽古ごと的な企画、あるいは社会教育的な、啓蒙・啓発的な事業からの転換です。また、もともと都区内には市民相談といわれる「何でも相談」がありましたが、女性センターでは「女性相談」に特化した窓口を設けました。地方自治体における「女性のための行動計画」には女性センターの設置が明記され、その主要な機能の一つとして相談業務が入っていたからです。

私は、制度や政策の充実にもまして、女性の広い意味での教育、意識覚醒の重要性、ジェンダーの自縄自縛からの「精神的自立」をカウンセリング的手法によってクライエント自身が探求していくことの必要性、それを女性センターで行うことの意義を訴えてきました。それにいち早く応じてくれたのが、足立区や中野区でした。女性センターでの相談業務を、「着ている服がきつくて合わない。でもいきなり脱いだら風邪を引くから、自分のからだに合った服を探さなければならないが、どこでどのように選べばいいかわからない」方々のための、「ていねいな新しい服探し」などと表現していました。

女性が相談窓口を訪れるとき、「私は〜に困っている」とはっきりわかっているわけではないことも多く、安全な場でとにかく自分の気持ちを聞いてもらいたいという思いが持ち込まれることがあります。問題解決の方法を教えてもらいたいと期待されることも多いのですが、その人の本当の専門家はその人自身であり、カウンセラーが状況をすべて理解できるというのは幻想です。ていねいなやり取りを繰り返す中で、その人にとっての問題解決を共に探っていく、その過程で最初に持ち込まれたテーマが変化していくこともあります。

八〇年代中頃からほぼ三〇年、日本各地の女性センターで相談業務が行われていますが、相談内容は、五割以上が家族や夫についてで、女性たちの悩みの中心はまだまだ家族でした。二〇〇〇年前後の法整備以降、DVや児童虐待の相談に特化したセンターが数多くできており、そうした機関につなぐ最初の入り口となるのも女性相談の大きな役割だといえるでしょう。DV離婚の具体的なサポートは、配偶者暴力相談支援センターが行いますが、トラウマ反応のケア、地域や人間関係の調整、回復への歩みは、引き続きフェミニストカウンセラーが担うところもあります。女性が困難な課題に立ち向かうときには、専門的な知識や技法だけでなく、クライエント自身の気持ちがまず大事にされなくてはなりません。ジェンダー視点で問題の構造をとらえてクライエントと共有していくことと、つねに支えられていると思えるような信頼関係が何より必要なのです。

さらに、個人情報などに配慮しつつも、その地域でどのような相談が多いのか行政が把握するための機能も重要だと考えています。女性がどのような困難を抱えているのか、統計処理された相談内容などから、地域の女性施策に反映することも可能となります。もっともこれは、あくまで理想的な行政の女性相談のありようであって、現実にはさまざまな問題があります。

求められる新しい試み

時間が経てば、想定していなかった諸課題がより顕在化するのは避けられないものです。女性センターのスタンスが「どのような相談でも、どなたでもどうぞ」となるにしたがって、相談内容も「精神疾患」と考えられるものから「人生相談・育児相談」まで広がります。それはいきおい、「なんでも相談」化しかねません。一人のクライエントに何度も時間を取るのは公営（税金を使っている）としては市民に不公平になる等の制限が出てきたり、面談より電話相談が重要視されるなど、当初の目的から離れてくるという実情もありました。一九九九年に施行された男女共同参画社会基本法のもと、「男女共同参画センター」と名称を変え、運営主体も地方自治体だったのが民間委託されるようになり、NPO法人、財団等が運営するといった変化もみられます。男性の相談者が来所したときは、どのように対応すればいいのか、などの問題も顕在化してきます。

現在、日本各地の女性センターにおいて相談業務は行われているものの、フェミニストカウンセリングが実践する理念が希薄になりつつあることは、残念ながら否めません。今後は女性（問題）の多様化に伴って、新しい試みが求められています。たとえばグループワークの活用や、女性センター外での自助グループの育成が望まれます。ソーシャルワーク的な視点の援助や他機関とのネットワーキングなども今以上に必要とされています。

コラム❷

暴力根絶をめざして

遠藤　智子

身体中のＤＮＡが入れ替わったような感じ

三〇歳になるやならずの頃、私は生き惑っていた。仕事でも各種「活動」でも。

振り返ってみれば、いたるところでジェンダーハラスメントやセクハラに曝《さら》され続けていたのだが、もちろん当時は「自分の力が足りないから、馬鹿だから評価されないのだ」と本気で思い込み、最終的には潰瘍性大腸炎という病気になった。

休暇をとって、友人と草津に行く前の日に、図書館で「私をお読み」と本棚から飛び出してきたのがスージー・オーバックの『フェミニスト・セラピー』（新水社、一九八八年）だった。深く考えもせずカバンに入れて旅館でページを開いたら、もう手を止めることができなかった。それから三日三晩泣きながら、『フェミニスト・セラピー』を抱いて寝た。心理学の素養のない私には難しくてわからないところだらけだったが、「私の悩みは世界の女性の悩みだったのか！」と思い至ったときのあの気持ちは忘れることができない。

続きが知りたくて探し当てて、東京の「フェミニストセラピィ〝なかま〟」で「フェミニストカウンセリング講座」に参加することができた。その年の一二月、初めての河野貴代美さんの講義を受けながら「身体中のＤＮＡが入れ替わって別人になった」と思った。

私が本当に生き始めたのは、そのときからだといっていいと思う。

フェミニストカウンセリングでは、ちっともまじめに勉強しなかったが、大事なことはほとんど教わった。女性(私)が悪いんじゃない、社会が悪いんだってこと。差別を内面化するから、女性は苦しいんだってこと、世界中で女性たちは同じ悩みと苦しみを持ち、闘っているってこと。そしてなにより、家族は捨てることも選び直すこともできると知った。

その後に影響が一番大きかったのは、自分にもできることがあると知ったことだ。日本フェミニストカウンセリング研究連絡会に参加して二年目くらいに、河野さんから「フェミニストカウンセリング大会をやりなさい」と言われた。「できるところで好きなようにやっていいから」と。あのとき、できると思った。「フェミニストカウンセリング前」の自分には考えられない。壊れたり、傷つく前の自分自身を取り戻し始めた「フェミニストカウンセリング後」の私の初仕事は、第一回「フェミニストカウンセリング大会」の開催だった。

「社会」と「女性たち」の間で通訳する

「フェミニストカウンセリング」という「家族」ができ、足場が固まったところで次は、フェミニストカウンセリングの核心である社会変革に取り組まねばならないと考えた。まず実家を改造して、女性たちの居場所をめざしたお店をやってみた。そこでいろいろな経験をする中で、自分が「女性に対する暴力被害」について深くこだわっているのだと気がついた。取り組むべきは「暴力根絶」だという(自分だけの)方針が決まった。八〇年代の末から九〇年代の半ばだろうか。

九九年からはDV被害当事者支援の民間シェルター活動にかかわり、二〇〇三年からはDV防止法第一次改正に際して全国女性シェルターネット事務局長として国会ロビイングを担当した。国会ロビイングでは、全国からDV被害の実態や法制度への疑問や意見などを集めて、議員や省庁を説明・説得して回った。
民間シェルターの資金づくり、被害当事者へのIT スキルや物資の提供などのために企業や支援団体に対して、制度のない分野でいかに女性たちが苦しんでいるか、支援者が困難を抱えているかを説明し続けた。

現在は、東日本大震災を経て、公務員を辞めてからは、DV／性暴力被害の専門ラインを持つ二四時間のなんでも電話相談「よりそいホットライン」の全国事務局長として、一日一七〇〇件もかかってくる性暴力被害への電話相談内容をまとめては分析し公表している。幼いときの性暴力被害は、平均二五年も誰にも言えなかったという結果が出たことは衝撃だった。

やっていることはずっと同じ。社会と女性たちの通訳だ。女性（や少数派やちょっと弱っている人）のつぶやきを聞き、言語化し、可視化し、代弁し、発信すること。そうした「辺境」の課題を中央で議論させるという「下克上」を成功させるために、「社会」と「女性たち」のあいだで通訳をすること。

「男社会のやり取りの経験」を踏まえると、女性に対する暴力根絶の領域でいえば、被害当事者の気持ちを伝えるだけでなく、なぜ彼女たちがそう思うのか、どうしたら予防できるのか、先進国の状況などを含め、構造と処方箋を伝えていく必要がある。そうしないと、「ひどいことがあるな」で終わってしまい、同情はされても社会を変えることにつながらない。フェミニストカウンセリング的な知識、思考方法の有無で、伝え方はずいぶん違ってくる。

「彼女の責任ではない」と伝えること

DV被害当事者支援の場で、「暴力を振るわれているのに、なぜ逃げないの?」とよく質問される。

「恐怖から」だけでは説明不足だ。「妻自身が、妻の周囲が、夫が妻を殴るのはあたりまえだと思っているから」だと、女性たちは自分の人権を侵す文化を「当然のこととして」内面化している、それが暴力を長引かせてもいるのであり、その文化こそが女性たちに対する暴力なのだ、彼女の責任ではないと、説明したほうがいい。

売春的行為や逸脱的な性行動に走る若年女性を見て「道徳観念がないことが問題」という大人たちがいる。そのときは、「PTSD（50頁注33参照）や、解離(*)というものを知らないのか」と、「性暴力の被害者が、その被害を被害として訴えることができない状況に追い込まれるから、自分自身を守るために逸脱的な行動に出る。追い込んだ社会こそが問われねばならない」と伝える必要がある。

また、被害当事者と支援者、さまざまな女性が多いグループの中の軋轢《あつれき》も、「暴力の爪痕」への理解なしにはうまくいかない。極端にいえば、女性たちは多かれ少なかれ、なんらかの暴力被害を体験しているから、さまざまに「虎の尾」がある。そこを触らないでおこうね、と理解できる（忍耐できる）ようになるには、「フェミニストカウンセリング的」に学ぶ必要があるのだ。「この人が悪いのではない」と、いつも立ち止まって思えなくては女性はまとめられない。

▒「フェミニストカウンセリング的思考が普通になる日」をめざして

最後にフェミニストカウンセリングは暮らしの中にこそ根づくべき、すべての人が「習得すべき技術」でもあるといっておきたい。たとえば、満員電車に隣り合わせた人たちみんなが「痴漢の被害者は絶対悪くない」と学んでいたらどんなに楽だろう。セクハラの加害者の嘘に騙されないことが、管理職の一般教養になっている会社があったらどんなに働きやすいだろうか。

一つのゴールを「技術の普及」に定めつつ、今後とも、河野貴代美の弟子として日々働き続けようと思っている。フェミニストカウンセリングへの感謝の気持ちも込めて。

＊つらい体験を自分から切り離そうとする一種の防衛反応で、記憶を失ったり、自分が自分であるという感覚が失われている状態。

「大声をあげないのは被害者として不自然」といった「神話」の流通は、女性の存在が男性によって規定されてきた歴史的事実にかかわっているといえるでしょう。「女とはこうだ」と男性や社会から言われ、女性もそれを受け入れてきた長い歴史がありました。

神話を覆す

職場におけるセクシュアル・ハラスメント

職場における初めての本格的なセクシュアル・ハラスメント（以下、セクハラ）裁判が福岡で始まったのは、一九八九年の夏のことでした。そして一九九二年四月には、福岡地裁でほぼ全面的に原告の勝訴となりました。これまでにも、賃金や採用・昇進の男女差別、女性のみの結婚退職、男女別定年制など働く女性へのさまざまな差別に対して、女たちの勇気ある粘り強い努力によって裁判が闘われてきました。そしてこのセクハラ裁判の勝訴は、そのような中での快挙といえます。裁判報告では、「セクハラが法廷で裁かれ、その不当性が明らかにされて新しい歴史の一ページが開かれたのです」と誇り高く述べられています（職場での性的いやがらせと闘う裁判を支援する会編『職場の「常識」が変わる―福岡セクシュアル・ハラスメント裁判』インパクト出版会、一九九二年）。

ところが、この裁判に続く、「秋田セクハラ裁判」（一九九三年一二月提訴）で、秋田地裁は、一九九七年一月、被害者Aさんのふるまいは被害者としては不自然だとして、訴えを退けたばかりか、加害教授の名誉棄損の訴えを認め、Aさんに支払いを命じる決定をしたのです。この地裁の判決に怒りを感じたいく人かの専門家が、高裁に提出するための鑑定意見書を書きました。心理的側面からの鑑定意見書を私が書いています。これは、その後のセクハラ裁判における被害者の心理に関する意見の指針となりました。

この中で、神話や通説として語られている「どうして大声をあげながら助けを呼ばないのか。逃げないのか」「もっと強くノーを言えばよい、加害者を推し戻せばよい」等について、米国における研究を引用しつつ具体的例をあげて反論しています。たとえば、「なぜ大声をあげて逃げないのか」については、まず被害者にとって、「何が起きているのかがわからない」「びっくりする」「ドキドキする」「頭が真っ白」など、大声をあげるどころではないという心理的事実があります。加害者は「ではこれからセクハラを始めます」など言うわけがないので、被害者の反応がそのようになることは簡単に想像していただけると思います。これは記述のほんの一部です。

このような「大声をあげないのは被害者として不自然」といった「神話」の流通は、女性の存在が男性によって規定されてきた歴史的事実にかかわっているといえるでしょう。「女とはこうだ」と男性や社会から言われ、女性もそれを受け入れてきた長い歴史がありました。『第二の性』を著したフランスの作家シモーヌ・ド・ボーヴォワールは、「女とは他者化された者」と述べています。

「キャンパス・セクシュアル・ハラスメント・全国ネットワーク」の設立

大学でのセクハラの原点になったのは、京都大学矢野元教授の事件です。秋田セクハラ事件の被害者も京大事件の被害者も、大学におけるある種の非正規労働者でした。キャンパスにおいては、特殊な事情があります。地位が、教授、準教授、講師、非常勤講師、助教、私設秘書など多様かつ複雑で、しかも権力構造の上にいるのは概して男性です。教員の比率でいえば女性がそれなりの数を持つところでも、教授から助教という三角形のトップに存在するのは男性です。こうした権力構造の中で、セクハラは起こります。職場でのセクハラにも同じことがいえます。

京大セクハラ事件に端を発して、一九九七年、「キャンパス・セクシュアル・ハラスメント・全国ネットワーク」（以下、全国ネット）が設立されました。一九九九年施行の改正男女雇用機会均等法には「セクハラ防止」の条項が追加され、キャンパスにおいてもセクハラ防止のガイドラインと相談窓口の設置、セクハラ防止研修が行われるようになりました。ちなみに二〇〇七年には、被害者には男性もなりうるとして、均等法のセクハラ対象者は「男女労働者」となりました。

この全国ネットのユニークな点は、弁護士、カウンセラー、女性活動家（団体）、労働組合、女性学組織、自治体の女性センターなどとの連携を進めてきたことです。また、それぞれの大学のセクハラ防止委員や相談窓口の相談員としてフェミニストカウンセラーが招かれ、活動してきたことも重要な出来事といえます。私自身は東大における開所に深くかかわり、防止委員となり、また相談員のスーパーバイザーをしてきました。これは、現在でも継続しているフェミニストカウンセラーの重要な活動の一つです。裁判における鑑定意見書を書くフェミニストカウンセラーも増えてきました。

あなたは何も悪くない。性暴力の可視化と厳罰化

セクハラはもとより、性虐待、レイプ、ドメスティック・バイオレンス（ＤＶ）も広義

の性暴力被害です。性はプライバシーの最たるものであり、暴力的に侵入されることで、人は大きなダメージを受けます。成長の過程で受けた性暴力は、自尊心の低下や自己イメージのゆがみをもたらし、長く続く心身の不調など、被害者のその後の人生を大きく変えてしまうことがあるのです。被害を生き延びて目の前にいる人への敬意を込めて、「被害者」ではなく「サバイバー（生存者）」と呼ぶようになりました。

二〇〇〇年前後の法整備以前からも、私たちは女性の性暴力体験を数多く聞いてきています。別の主訴でカウンセリングを訪れた人が、カウンセラーとの信頼関係ができ、自分に深く目を向けるようになったときに、「今まで誰にも言えなかったけれど」と語り始めることも多いのです。暴力被害は被害者に何の落ち度もありません。望まない性行為はすべて、女性への暴力です。そう確信して受け止められるところから、回復への歩みが始まります。

二〇一七年七月、一一〇年ぶりに改正された刑法が施行されました。「強姦罪」が「強制性交等罪」へと名称変更され、行為や対象の拡大と厳罰化、親告罪（起訴に被害者の告訴を必要とする犯罪）規定の廃止など、性暴力禁止に向けた取り組みがようやく始まりました。その歩みはこれからも続くでしょう。

あなたは何も悪くない。いくらカウンセラーや支援者が言っても、言葉がなかなか届かないことがあります。それは、社会が、どこかにサバイバーに油断があったのではないか、というとらえ方をまだ棄てていないからだし、被害者自身もそれにとらわれているせいでもあります。トラウマの影響について情報提供し、サバイバー自身も内面化している神話について話し合い、その人にとっての真実に向かう過程を共に歩むのがカウンセラーの役割です。社会全体の神話を覆す、それはサバイバー自身が神話を覆し、尊厳を取り戻すことでもあるのです。どうかひとりで抱え込まないで。あなたは何も悪くないのです。

アイデンティティをめぐる問いかけ

当事者が体験をもとに自己表現・自己決定することを基礎とし、その人をそのままに受け止めて支持し、より豊かな社会に向かうことを促進する、それが私たちの大きな役割でもあると考えています。

アイデンティティの確立からの出発

フェミニズムには、これまで女性は「存在しない」か「存在の定義ができない者」として「非男性」カテゴリーに入れられてきたという認識があります。「二級市民」とも呼ばれてきました。「人々」とは男性を指し（Ｍｅｎが男性複数と同時に「人間」を指すのはよく知られている）、女性は男性に平等に対峙した性として存在してきたのではなかったのです。女性とは「男性ではない人間存在」であって、むしろ男性を男性ならしめる〝影〟の存在でした。何かがそれであるためには、それと対比される別の存在が必要です。男性ばかりでは男性ですらありえません。

フェミニズムは、このような女性の存在を可視化し、歴史を創造するメンバーの一員としての責任や喜びを分かち合うこと、それによって自身の存在価値を自ら認知することを目的としました。

こうした問題意識を根底において、フェミニストカウンセリングは、女性の心理、パーソナリティの形成、人間性の理解の多くを文化的・社会的要因に求めました。とくに性別役割と結びついている特定の感情は、女性が文化・社会から学んできたものと認識します。たえずこれでいいのかと自分を責める自責感、罪悪感、劣等感、自己犠牲的、非主張的な行動などを検討し、そして、一人の人間として主体的な生き方・自己アイデンティティの確立を手助けしようとしてきました。

一九八三年に出版された拙著『自立の女性学』(学陽書房)の最後の章「アイデンティティの確立にいたる四つの要素」には、「自己評価」「自己決定」「自己表現」「自己実現」のアイデンティティを構成する四つの要素について述べています。そして個人の核になるのが、「自我」ですが、米国で自我心理学を学んだ者として、この本で自我の確立を提示したのです。

当時、四つの要素は、私にとって平等というか等質的に成り立っており、これらが自己としての一貫性を保つために必要と考えていました。この一貫性が、「非存在」であった女性を女性として存在させうると考えていました。同書では、四つの要素が、一人の女性の中で培われることによって、フェミニズムの唱える可視化された存在になるという想定で書かれています。この考え方は、女性を一つのカテゴリーとしてとらえることを前提としつつも、カテゴリーの中の一人一人の女性には包括的に一貫性を持った存在であってほしいという思いがありました。「私が私であっていい」――それが腑に落ちるのは、自分自身が自分を探索して定義し、表現してそれを生きていくこと、固有な自分を受け止めることが出発点になります。そこから人間の成長や成熟が始まるのです。繰り返しますが、社会が期待する人間像や役割の中に女性が生きるのではなく、「私が私である」ことをまず自分が受け入れることが何より大切です。

したがって、これらの要素は、フェミニストカウンセリングにとって重要なテーマであり、方向性でした。個人カウンセリング、カウンセリング講座、自己主張トレーニングなど、当時の「フェミニストセラピィ〝なかま〟」での主要な活動の基盤となる考え方で、意識と動き、その連動に注視した自己改革だったといえるでしょう。

二〇一七年のいま、このような「アイデンティティの確立」概念はいまだに有効でしょうか。答えは、「イエス&ノー」かもしれません。個人は多様な面を持っているし、状況によって違った側面を表すからです。

女性は一枚岩ではない

先に述べたフェミニズムの実践に対して、女性の中から疑問が出されるようになりました。女性というアイデンティティを基盤とすることへの批判的な問いかけです。何らかのアイデンティティを前提にした連帯は、そのカテゴリーの一貫性から排除されたものを抑圧する危険性がある、というのです。たとえば、「女性」であることの共通点だけが注目されることで、「女性」の中にある違いや、違う者たちの間に存在する力関係が見過ごされてしまいます。米国では、八〇年代より人種・民族・階級の面から、九〇年代にはセクシュアリティの面から、「女性」としてひとくくりにすることへの批判がなされ、女性の中の差異がクローズアップされていきます。

カテゴリーとしての女性は決して一枚岩ではないという現実はそのとおりです。日本でも近年は、女・女間格差が指摘されていますし、民族、国籍、宗教、年齢、障害、セクシュアリティ（性的指向や性自認など）などの差異が無視できないものとして存在しているのも事実です。身近なところでは、かつて私が教えていた女子大では、男女平等などとくに唱えなくても、あたりまえのことと思っている学生が多いようでした。彼女たちにとって、アイデンティティの重要な側面は、学生であることでしょうし、その後は、キャリアウーマンであることが重要なアイデンティティとなったかもしれません。彼女たちにとっては、「自立」など意識もしないかもしれません。

しかし、たとえ自分自身の「自己確立」の途上で男女平等が普通の感覚だったとしても、女性たちは以降、さまざまな事態に直面することになります。多数派のヘテロセクシュアル（異性愛者）の女性たちにとって、男性中心社会の中で育ってきた男性との関係が最も重大な他者との関係となることが多く、そこでさまざまな葛藤を抱えます。嫁姑問題やDV、親が期待する役割などがここには含まれます。さらには、これまで長い間あたりまえとされてきた性別役割と自分自身との葛藤が女性の自己感覚を脅かすものとなることがあります。たとえば、子育てや介護など、ケアをめぐる作業はさほど社会の中で重要とみなされていません。しかし、他者の成長や情緒的ケアを役割として訓練されて育つ女性にとって、それができないことやしないことは無意識の罪悪感につながり、自己評価を下げる要因となります。

今、女性が仕事をして社会的に活躍するよういくら奨励されても、人の暮らしの中で必ず必要とされるケア役割の重要性が社会の中で認識され、社会全体が担っていくしくみが確立されない限り、女性がより多く引き受けて個々に担うこととなります。

女性の自信のなさや自己嫌悪は性別役割がもとになっているものがまだ多く、それについて女性自身が気づくこと自体が難しくされています。これを内面化されたジェンダーといい、ジェンダー＝女性が歴史や文化の中で担ってきた役割（実は男性にとっても同じなのですが）と、女性のアイデンティティの関係を明らかにしてきたのもフェミニストカウンセリングでした。

抱え込んできた他者、排除してきた他者

アイデンティティという言葉の認識についても、一九五〇年代、これを唱えたE・H・エリクソン（228頁の注70参照）の時代から相当に変化してきています。エリクソンに関してはこれ以上踏み込みませんが、アイデンティティの定義である「自己意識の連続性・一貫性」に関しても、疑問が提起されているともいえます。「アイデンティティはその内部に『他者』ないし『無限のエトセトラ』を抱え込まざるを得ない」とジュディス・バトラー（42頁の注22参照）はいいます。自己とは他者との関係の中にしかなく、抱え込んできた他者と同時に、排除してきた他者にも気づく必要があるというのです。自己を形成している多様な面、そして、どんな他者を排除することで成り立っているかを見つめることが必要だということでしょう。

経済活動とケア活動、人の暮らしの中で欠くことのできない重要な二つの側面を認識することが社会全体に求められており、それが新しい社会を生み出します。同時に、女性はもとよりセクシュアルマイノリティ、障害者や高齢者、子ども、暴力被害者や貧困に苦しんできた人など、これまで社会の中心とされてこなかった人々が、当事者としての自分を表現し、その多様なニーズを明らかにしていくことが、実は社会全体を正確に把握することであり、多様な生き方を可能とする社会を形づくることでもあります。

フェミニストカウンセリングはジェンダー視点のみにこだわらず、マイノリティとされてきた人の体験を重要だとみなします。なぜなら、その視点なしに女性が自分を開いていくことは不可能だったからです。当事者が体験をもとに自己表現・自己決定することを基礎とし、その人をそのままに受け止めて支持し、より豊かな社会に向かうことを促進する、それが私たちの大きな役割でもあると考えています。

第3章

対談

家族について

6 家族のいま

「理想の家族」像と現実とのギャップ

——女性の生きがたさを考えるうえで、「家族」の問題を避けて通ることはできません。現実に家族の形や内実、抱える問題はこの四〇年の間に大きく変わってきています。逆に、なかなか変わらないこともあります。それぞれの立場から「家族」をめぐる問題について、お話しいただけますか。

河野　これは誰もが言っていることですが、家族と言えば、父と母がいて子どもが二人いる、そういうイメージがまだまだ強いですね。その上の祖父母との三世代同居イメージもまだあります。現実は違ってきているのに、それを決して認めようとしない。そんな「理想の家族」像と現実とのギャップの中で、家族そのものがぎくしゃくしているのだと思いますね。多様な家族がいる、多様な家族の形があるということをどうやって受け入れたらよいのか、それが大きな課題ですね。もちろん大都市と地方では違いがあるでしょうが。
もう一つは家制度や戸籍や墓などに結びついた強い血縁主義。たとえば、国籍一つを取ってみても、在日の方も多いじゃないですか。韓国・朝鮮だけでなくてブラジルだとか、さまざまな国籍の人がいるし、日本に帰化した人もいる。でも、日本では、日本人という意識と家族とが固く結びついているのです。血縁のない養子はめったに取らないし、単身者は養子縁組が公的にはできない。「健全な」父と母がいて、初めて養子縁組ができるのです。でも、「健全な」父と母なんてどう見分けるのでしょうか。家庭内離婚しているかもしれないのに。もう少し柔軟に考えないといけないですね。新しいもの、違ったものが入り込んでシャッフルされていないので、私から見れば固まったまま、ぎくしゃく、ちぐはぐしている。

岡野　高校の先生たちが話していたのですが、現在の家庭科では「お父さんお母さんがいて、僕・私がいる」――そこから入るそうです。シングルマザーもいるし、保護者がいない子どももいるのに、教科書はそのことは教えない。子どもにとってみれば、教科書にそう書いてあるから、自分の現実は違うのだけれど、理想の家族にならないといけないという思いを強く持っている。だからすごく深刻です。家族問題は、教育の現場でも教えられないのです。

河野　「誰も知らない」（二〇〇四年、監督：是枝裕和）という映画があったでしょう。四人子どもがいて、父親が全部違っていて、お母さんがいい加減で、子どもを置いて出て行ってしまった。コンビニで、賞味期限切れで破棄された食品をあさっていたら、福祉課に行くように言われる。でも、絶対に福祉には行かないと、一番上の中学生の男の子が頑張っている。福祉に行ったら弟妹みんなバラバラになってしまうからと。この中学生の、なんという家族愛でしょう。こういう家族は、絶対教科書には載らないですよね。「逸脱した家族」だということで。映像作品としては、すばらしい映画だという評価を受けているのだけれど、このように現実にありうる家族についてどう思うか聞いてみたいところです。

岡野　それは、社会保障とか制度も多様なものを認めないことと関係しています。その映画に出てくるような子どもたちは、教科書に出てくる理想の家族像とは違うということを感じていて、そこからはじかれている疎外感もあるだろうし、実際にものすごく壮絶な日々を送っているわけです。もちろん、現場の先生たちは、そうした子どもたちに寄り添いながら、他方では、虚構の家庭について教えないといけない。

結婚・家族・子ども

河野　昔、日系アメリカ人と結婚していたとき、彼と一緒に私の実家に帰ったことがありました。ちょっとしたパーティーをやったのですが、そのとき親戚のおばさんが、「子どもができないの?」と言うので、「ううん、つくらないんです」と答えた。そのときの、おばさんの訳がわからないっていう顔、忘れられません。結婚したら子どもは必ず産まれるものだと思っている。子どもが産まれない、あるいは産みたくないという人がいるというのは考えられないのよね。そういう意味でも家族というものが、いかに人の多様性を認めないようなしくみになっているかということですよね。

岡野　中学の家庭科の教科書には、「子どもと触れ合う」という授業があって、実際に保育園などに子どもと触れ合いにいくのです。そのうえで中学生に、「一五年後の自分の将来はどうなっているだろう」と書かせる。すると、みんな結婚するって書きますよ、それが大人になることの一つみたいに。でも実際に社会に出たら、非正規で生活も大変で結婚もできないとか、パートナーがいなかったり、会話能力があまりなくて恋愛するのが面倒くさい、なんてことになったり。だけど、結婚しない自分はやはり何か足りないんじゃないか、魅力が足りないんじゃないか、という苛《さいな》まれ方をしますよね。

河野　この変わらなさって、何なんだろう。たとえば、米国の俳優ブラッド・ピットとアンジェリーナ・ジョリーの夫婦（二〇一六年離婚）は自分たちの子どもが三人に、三人の養子がいて、計六人の子どもがいるんですよ。お金があるからできるのでしょうけれど、でも日本では、血縁家族というバリアが取れない。

もっとも、多少の変化はみられます。私はいま東京多摩地域の「有料老人ホーム」に入居していますが、ほんとうにいろいろな方が入居しています。おもしろいことに、ホームには付属の共同墓地があるのです。すでに入っている人もいるし、死後はそこに入りたいと登録している人もいます。血縁者がないとか、あってもなんらかのしがらみから自由に、晩年を一緒に暮らした人たちと一緒の墓に、というのもいいですね。年に一回、元気な入居者も加わって墓参しています。このような入居者にとって「家制度」は、もうありませんね。都市だからそうなのでしょうが。

――一般に、血縁家族というバリアが強固である背景には、社会保障や税金など制度的には婚姻関係にある人とその子どもは守られるけれど、そこから外れている人たちは守られないという現実があります。また、自分が今いるのは、両親から生まれてきているから、親がモデルになっているというのもあるでしょうね。

河野　家族を考えるうえでは、制度を問うていくということが必要ですね。

――親たちもけっこうずるいところがあって。たとえば娘が結婚すると、相手の親の老後もみなきゃいけないでしょ。だから、娘が離婚して子どもを連れて帰ってきたら喜ぶんです。自分の介護をしてもらえるから。

家族の両義性

河野　一方で、フェミニズムには、いささか教条的というか、たとえば仲間の結婚には否定的というか「へぇ」という感じで、離婚には「よくやった」という肯定的な風土があったじゃないですか。単身も結婚も離婚も、ライフスタイルにおいてこれがベストという形はないと思う。私自身、単身のときもあったし、それも下宿とか寮とか住み込みのお手伝いとか、また男とも女とも暮らしてきましたが、とにかく基本的に自己選択でした。だから他者と比べようもないのですが、結果的に多様な暮らし方ができたことはよかったと思います。仮にとんでもない暮らし方をしなければいけなくなっても、困らない。

ただ、カウンセラーとして家族の悩みを聞いてきましたから、家族が抑圧装置になっている事実は切実でしたね。その中で、「被害者」と「加害者」が決して明確に分かれているわけではない。子どもを受験戦争に追いやった結果引きこもりになっても、「愛情だ」といえば、まぁ、その側面はありますから。父親が子どもの将来の希望を抑圧した結果、自死に追い込み、その原因を教師に負わせるという典型的な家族抑圧的な映画「いまを生きる」（一九八九年、監督：ピーター・ウィアー）がありましたね。

それと、思い出すのは、クリスマスやお正月の時期、カウンセリングを受けにくる人が増えるということ。単身者が多いから、寂しいんですね。この寂しさに耐えられないから家族を営んでいるという面もあるのではないでしょうか。孤独や寂しさは、避けることはできませんから、生きるうえでの最大の課題だと思われます。これって、ある意味で論じようがないのですが。

——岡野さんは、「家族の両義性」ということを言っておられますが、これについてお話しいただけますか。

岡野　私は政治学を専門としてい（ることになってい）ますが、もうかれこれ一〇年以上、家族について研究しています。と言っても、実際の家族を調査するという研究ではなくて、家族という制度がどのように考えられ、政治の中でどのような役割を果たしてきたか、といった歴史を研究しています。

家族の歴史をみると、公式の家族、つまり法的に認められた家族は、国家の道具のように扱われてきました。無償で子育てをして、国家の思うような市民を育て、労働力を供給してきた。その家族の中で女性たちは、労働力を搾取されてきたわけですから、社会的には無力化されてしまった。ですから、フェミニストにとってこの公式の家族イデオロギーは、真っ先に闘うべき対象でした。ただ、他方で家族には、そうしたイデオロギーで見えなくなってしまった、大切な営みもあります。たしかに、搾取のように見えるけれど、資本主義社会、競争社会とは異なる原理で、家族は慈しみ合ってきました。もちろん、暴力がそこで発生するというＤＶや虐待の問題は見過ごしにできませんが、それでも、経済の論理や権力の論理とは異なる営み、それがなければ人類が存続できなかったような、営みがあります。

いま私は、政治学で当然視されてきたような社会の前提を疑うことの大切さを訴える際、公式の家族を美化するのではなく、実際の家族を直視することで、現在の政治に対抗するような場を築けるのではないかと考えています。よくよく考えれば、家族って、性差も、セクシュアリティ[*38]も、年齢も能力も、時に国籍さえ、軽々と超えるわけです。こんな多様性に開かれた集団って、じつはそうそうないわけです。

＊38　人間の性行動にかかわる心理と欲望、観念と意識、性的指向、性自認、慣習と規範などの総体を指す。ここでは、性的指向や性自認を指している。

7 同性カップル

女性同士のカップルの子育て

河野　レズビアンで、「家族」をつくっている方の話をしていただけますか。

岡野　私の知る限りですが、今、女性同士のカップルが、立て続けに子どもを産んでいます。それはたぶん、生殖技術が発達したということもあるでしょうし、八〇年代から九〇年代にかけてアメリカに生じたような、ベビーブームが遅れてやってきた感があります。日本でも、各地で同性パートナーシップ条例*39ができてきたような時代背景もあって、自分たちで子どもを産んで育てようとなったのではないでしょうか。二〇年前だと想像もできなかった。

　私がこれまで知っていた例では、どちらかが以前男性と結婚していて、離婚後、女性のパートナーと一緒に子どもを育てているというケースがあります。レズビアンマザーの会もあります。しかし、ここのところ新しく出てき

＊39　同性カップルを「結婚に相当する関係」と認め、証明書を発行する制度。日本では東京都渋谷区で最初につくられた。

たのは、最初からカップルで話し合って、どちらが産むかを決めてチャレンジしているというケース。増原裕子さんと東小雪さん[*40]の場合は、最初、増原さんが妊活するのかな、増原さんのほうが歳が上だから。そしてその後、東さんがというふうに。彼女たちはまだ「妊活中」だと聞いています。ほかにも、二人で話し合って、ゲイの友だちに精子提供してもらって産んでいる人もいます。コミュニティがあって、精子提供者もいるので。

河野　わりと多いのですか。ゲイの友だちに精子をもらうというのは。

岡野　そうですね。日本では婚姻カップルでないと医療の壁が高いですから、やはり、知り合い、つまり信頼できる人に頼むというケースが多いと思います。子どもを産むというのは二人で決めているけれども、まわりにサポーターもいるというケースです。

たとえば青山薫さん[*41]の場合は、以前結婚していて二人子どもがいて、その子たちはもう成人しています。今、女性のパートナーとその彼女が産んだ子どもを育てていますが、その子は三歳になったと思います。青山さんは子育て経験があるのですが、一般的に言ってレズビアンは子どもを産むことを自分自身でも考えてこなかった人が多いから、二人きりで育てることに非常な

＊40　渋谷区パートナーシップ証明書交付第一号。東京ディズニーシーでの同性結婚式も大きな話題になった。共著に『ふたりのママから、きみたちへ』(一四年)『同性婚のリアル』(一六年)など。

＊41　社会学、ジェンダー／セクシュアリティ研究者。著書に『「セックスワーカー」とは誰か―移住・性労働・人身取引の構造と経験』(〇七年)ほか。

不安もあるかと思います。自分たちの親との関係の問題もありますし。だけど、まわりがサポートしてくれることが多い。レズビアンはお互いに友達同士なので、そこで親戚づきあいのような感じになります。だから、いわゆる二人家族というよりもまわりの友達の存在が大きいと思います。二人で育てるのだけれど、後押ししてくれる友だちがいて、仲間がいて。いっぱいおじさん、おばさんがいるみたいな感じです。

河野　それは、ある意味「拡大家族」ですね。友人のおじさん、おばさん、まわりのコミュニティも含めて、コミュニティの中で育てるという意味では、日本的な家族概念は、そこでは役に立たないですね。伝統的な心理学では、母一人の育児が重要でありかつ中心。これがゆがめられると、子どもの成長というかアイデンティティが混乱すると考えられています。要するに母一人の育児が、いかに子どもの成長に影響を与えるかということばかりが強調された。これは本当に疑問です。現実には母一人の育児が重圧でありまた問題でもあるのですから。しかし、まだまだ非血縁の「拡大家族」への理解は不十分ですよね。

岡野　やはり、いろいろ考えたら不安も大きい。子どもがいじめられるんじゃないか、とか。だけどまわりに信頼できる仲間がいるから、産もうと思うのだと思います。そういう意味では、レズビアンカップルは二人だけで育てるというふうにはあんまり思っていないと思うんです。みんなに頼っちゃおうと思っているし、使えるものは使おうって。

女性のほうが同性愛に対する抵抗感が少ない

河野　コミュニティの外の人はどんなふうに見ていると思いますか。そういうふうに家族の形が変わっていっていることに対して。ゲイのカップルにしろ、レズビアンのカップルにしろ、最近は、都会ではかなりＬＧＢＴ*42が公認されてきましたね。地方はちょっとわからないけれど。

岡野　そうですね、地方ではまだ難しいかもしれない。ただ、去年、若い女性のカップルが結婚式をしたのですが、親御さんは両方とも来ていなかったけれど、きょうだいは来ていた。参列者は、親族以外は女ばかりでした。あぁ、いいなぁ、なんて気持ちのいい結婚式なんだろうって(笑)。三〇代前半の子たちだったのですが、友だちは「今まで知らなかったけれど、おめでとう!」って、すごくウェルカムだったんですよ。

＊42　レズビアン、ゲイ、バイセクシュアル（両性愛者）、トランスジェンダー（性同一性障害など心と体の性に違和感のある人）の頭文字を取ったセクシュアルマイノリティの総称。

――女の人のほうが同性愛に対する抵抗感が少ないですね。

岡野　少ないです、圧倒的に。

河野　なぜでしょう。

岡野　男性に抵抗感が強いのは、セジウィック[*43]のいう「ホモソーシャル」[*44]ですよ。男同士でつるんでいるじゃないですか。でもそこに一人ゲイの男がいたら、「俺、ヤラれるんじゃないか」と思うという。男性のアイデンティティにかかわるのだと思います。俺は女をヤル存在だと。まあ、そこまで今の男の子が肉食系とは思わないけれど。

それに、女の人って、女性同士の生活は、わりと受け入れられるんじゃないですか。だって女性同士だと家事は完全分担でしょ。そうじゃないところもあるかもしれないけれど、たいていは分担している。ヘテロカップル[*45]の女性にとっては、むしろそれがうらやましいという。一例をあげると、子どもが生まれると一カ月健診で保健師さんの家庭訪問があるじゃないですか。女性同士のカップルのところに来た保健師さんに、二人で子どもの世話をしていると説明したんです。一人はお茶を出して、一人は子どもを抱いていて。するとと保健師さんは、「いいですね」って。普通、お母さんはしんどくて、

＊43　イヴ・K・セジウィックは米国の英文学者、クィア理論家。『男同士の絆』（八五年）、『クローゼットの認識論』（九〇年）を著した。

＊44　『男同士の絆』で提唱された概念で、男性同士の社会的連帯のこと。その結びつきの中に入り込んでいる同性愛的な欲望を隠蔽するために、同性愛嫌悪が強力になると説いた。

＊45　ヘテロとは異性愛（ヘテロセクシュアル）のこと。男女のカップルを指す。

うつになっている人もいる。でも、二人で分担しながらだと、子育てもそれほど苦痛ではない。「本当にすばらしいですね」と保健師さんはおっしゃったらしいです。こんなふうにお母さん同士、女同士はわりと話せるのです。でもそこにオヤジが入ってくると、ややこしくなるような気はしますけれどね。

河野　なるほどねぇ。女性は理屈抜きのところがありますね。見ていていいなって。

岡野　ただ、レズビアン同士でお母さんになった人たちが「絶対あるな」と想定しているのが、「自分たち二人だけだったら勝手にすればいいけれど、親のエゴで子どもを産むなんて。いじめられるのがわかっていて、子どもまで巻き込むなんて」という批判。

河野　少子化社会への貢献になっているのに(笑)。

岡野　そうですよ(笑)。だけど、きっとありますよね。女性からもくると思う。だからそれをはねかえすだけのことをちゃんと子どもと一緒に考えられるか、というのが試練です。けれど、同性カップルの子どもの数が増えて、モデルができていけば、違ってくると思います。よく考えれば、親のエゴって、なぜ同性カップルにだけ言われるのか、差別もするほうが悪いので、おかしな議論ですが、でも子どものことを思うと、やはり不安だし心配ですね。

河野　まだまだ批判をする人はたくさんいると思いますよ。そういう人たちがどんなふうに家族の変容を認識し、受け入れていくか。それにどのような言葉を提案できるかということはあるかなと思います。

　ずっと前、週刊誌に出ていたのですが、競艇選手の女性がFTM[*46]で、その子がカムアウトした（二〇〇二年、乳房切除手術を受け、改名して男性選手として再デビュー）。それを競艇場で働く男性が、「だって本人がそうしたいって言うんだから、やってあげないと可哀想じゃない」とコメントしていました。このレベルでいいのではないでしょうか。この男性が、いわゆる「理想の家族」像を持っていたとしても、ある現実を見て、ちょっと変わっているなと思いつつ、「本人がそうしたいと言っているんだったら」と言う。拒絶するよりはいいかなと。少なくとも、その競艇選手は受け入れられているわけですよ。そんな形で少しずつ壊していけないかなと思うのです。

　別の話ですが、私が私大で教えていたとき学生から、ゲイであることを相談されました。親との関係が大変だったのです。いろいろ話し合う中で、彼

＊46　Female to Male の略。身体の性別は女だが、性自認は男という人。現在は国際的には「トランス女性」と呼ぶ。

は仲良しの男友達に思いきってカムアウトしたと話してくれました。その友人は、「ゲイって、僕にはわからないけれど、お前がそうだって言うんだったらいいんじゃないか」って。つまり「理解する」とは言葉でどういうことか詳細には理屈づけられないですよね。だから自分の価値観を振り回さないで、相手の立場をそのまま認め、受け入れることがまずは大事じゃないかと思います。

オルタナティブな家族、共同生活のあり方を構想する

岡野　日本でも今後、同性パートナー、同性婚が増えてくると思います。私は、理論的にはいずれかの戸籍に入らないといけない同性婚には反対なんですよ。ただ、子どもを育てることを考えると、パートナーシップ法はあったほうがいいと思います。保険とか、病院のこととか、便利だから。だけど、一方で婚姻制度が特権化されて、しかも女性を縛る「親子断絶防止法」[*47]なんかができたりしたら、とんでもないことになるわけでしょう。一回婚姻届にサインしたら、別れてもついてくるみたいな。そういう制度の縛り方に疑問を感じるし、さらに、家族制度に乗らない人たちを圧倒的に不利な立場に置

＊47　離婚によって別居するようになった親子の間に、面会をはじめとする交流の機会を義務づけることを趣旨とする法案。DV被害者支援団体などからは懸念の声があがっている。

くことになりますよね。だから、家族制度を相対化するような形のオルタナティブな「家族」[*48]というのを実践で示していくのも大事だと思っています。たぶん、そこもフェミニストの力が問われています。

今、単身者の四〇代の人で、なんとか親の年金で生きながらえている人が増えています。親が家を持っていますから。でも、親が死んだ後、どうやってその人たちは生きていくのだろう。二〇年後は、高齢貧困社会ですよね。そのときに、まさにその人たちが互いに助け合うような、ある意味ケアをし合えるしくみが必要ですね。一人ではとても生きていけない。家を相続して、家のある人のところにみんなが寄っていくとか（笑）。シェアハウス[*49]にするとか。シングルマザーと高齢の人とのシェアハウスというのもいいですね。必要は発明の母と言われますが、そうした状況の中で新しい共同生活のあり方が生まれてくるかもしれません。

家族を形成する／しない

河野　現在、私には妹弟以外自らの家族がいません。つくらなかったと言えばそうなんだけれど。岡野さん自身は、家族をつくるということについて、

＊48　「代わりの」「もう一つの」。「慣習的方法をとらない、新しいスタイル」という意味で使われることが多い。

＊49　一軒の家を複数人で借り、リビングや台所、浴室などを共有、各住人の個室をプライベート空間とする共同生活のスタイル。

どういう考えをもっていらっしゃいますか。

岡野　私にはまだ、肉親だと母もいますし兄もいます。先ほど、家族はじつは多様な人の集まりだと言いましたが、よく考えると家族は世代も超えるし、考え方だって、能力だって、まったく違う人たちが集まっています。生まれとか運命とか――私は否定しますが――、自分が選択したのではない、ただ長年一緒にいたからつきあっていく、そのような関係性は大切だなと思うことがあります。もちろん暴力的でなく、抑圧的でない形の関係ですが。むしろ、そうした関係性が抑圧的にならないように、よりよい関係で、互いにケアし合えるような政治社会をつくるべきなのではないかと思っています。

さらに肉親だけでなく、互いに生活を共にしたい、一緒にいたほうが安心だと思えるような人たちの集まりを支えるような、そうした政治社会を考えてみたい。その意味で、やはり家族的な人々の関係は、私は大切にしたいと思っています。それが、現在の政治に対する抵抗の拠点になる可能性もあると思っています。

8 「家族」に代わる支え合いの形

ケアする人が社会的に重要な役割をしている

岡野　家族社会学の研究者たちは、家族が非常に弱体化していると言っています。農業が主要産業だった時代は、みんなで助け合わないといけないので、愛情とかそんなものより生きていくための共同体としての家族を保ってきました。それが、一九五五年、六〇年あたりから、家族が生産の単位から消費の単位に変わりました。「家族の五五年体制[*50]」ですね。そうすると、主婦層も増えていくし、経済成長に乗っていって、子どもも生まれて。それが今、経済成長もしなくなって、家族自体が孤立し、弱体化しています。

家族が消費の単位になったということは、相手が気に入らなかったら、別れたほうがいいという話にもつながります。絆としては、愛情だけしかないわけで、個人の愛情ほど脆弱なものはない。良し悪しは別にしても、社会的・

＊50　落合恵美子（家族社会学、ジェンダー論）は『21世紀家族へ』（九四年）において、女性の主婦化、出生児数の変化などを特徴とする一九五五年から一九六〇年代の家族のあり方を「家族の五五年体制」と名づけた。

経済的・政治的に家族を結びつける力が弱くなってしまった。通常、恋愛なんてものは非常に不安定なもので、長持ちしないです。子どもがいても、冷めてしまうものは冷める。だから、これまでとは異なるつながりのあり方というものが、たとえばケアを通してつながるとか、高齢社会になって違う形で生まれてくると思う。

河野　今、安倍晋三さんが「家族同士の絆」みたいなこと言っているのは、彼の文脈でなら、本当に時代錯誤も甚だしいですね。

岡野　本当にそうですよね。家族保護規定が憲法にない[*51]って言うんだったら、保護してほしい家族はいっぱいある。それで、憲法に家族の規定を入れて、家族同士で助け合いなさいと言うけれど、どうやって助け合うんですか。ほんとにのたれ死ねって言うことですよね。

――いわゆる「家族」に代わるものとしてのケアのしくみをどうつくればいいんでしょうか。

岡野　核家族というのは本当に弱い。子どもを二人だけで育てるのは、経済的にも物理的にもとても負担です。そこで、困っている人たちが集まるような形で、自分たちの生活をケアし合う多様なしくみを政府が社会保障とか何

＊51　自民党憲法改正草案では、二四条に「家族は、互いに助け合わなければならない」との義務が加わった（＊72参照）。家族保護条項が入っている憲法を持つ国も多いが、「国には家族を保護する義務がある」という規定が一般的。

らかの形で認めていくようにすれば、そういうコミュニティをつくりやすくなります。お互いにケアし、される関係をつくることが少なくとも経済的に負担にならないような制度を社会保障で入れていくのが一番です。今、介護労働者の賃金はものすごく安いし、そういうところにもお金を入れていく必要があります。お母さんを含め、ケアする人が社会的にとても重要な役割をしているということを社会が認識するようにならないとだめだと思います。なぜ、政府はお母さんに「ありがとうございます」って形で表さないんだろう。むしろムチ打つでしょう。「あれしろ、これしろ」とか「子どもがぐれたらお前のせい」みたいな。やはり社会の中で人は育っていくし、そういう社会をつくらないといけないですね。日本は、本当に人を育てることにお金を使わない。大きく政治が変わらないといけないと思います。

河野　今、政府は高齢者に対しては、「運動しろ」「元気でいなさい」と言う。だけど、からだの弱体化は防ぎようがないじゃないですか。いくら元気にさせておいてどんどん寿命を延ばしても、行き着く先は同じ。みんなピンピンコロリで逝きたいと言っていますが、そうはいかないでしょう。とくに大変な問題というか矛盾は、医療が進化してみんな長寿になった。しかし高齢者人口が増える分、病気も増える。もう医療保険や介護保険はパンクしていますよ。高齢社会をどうするかも、ほんとに大きな問題です。年金も含めてね。

老いと看取り

――介護と看取りは、精神的なケアも含めて大事な問題です。河野さんが中心になり、友人たちでチームをつくって看取りをされたという体験をお話しいただけますか。

河野　お茶の水女子大時代の親友であった竹村和子さん[*52]を、三〇人程度の「チームK（和子）」として看取った体験があります。竹村さんは、叔父さんの妻だけが親族で、この方も当時介護保険を使うような状態で、自由に動くことができなかった。竹村さんの診断名は末期の肉腫で、回復の方法がないと。彼女は大学近くの東京都文京区、私は千葉に住んでいました。ただ、私はもう大学は退職していたから時間の余裕はあったので、最後まで看取ろうと決めました。竹村さんは、諦めないで民間療法とか免疫療法とか何にでも挑戦しましたから、初めから看取ることを考えていたわけではありませんでしたが。この非血縁の女性友人のみでの看病や看取りは、多方面で取り上げられ

＊52　一九五四―二〇一一。英語圏文学、批評理論、フェミニズム／セクシュアリティ研究者。著書に『フェミニズム』（〇〇年）、『愛について―アイデンティティと欲望の政治学』（〇二年）、『彼女は何を視ているのか―映像表象と欲望の深層』（一二年）ほか。

て、今後の新しい提案の一つになったと思います。経過を詳細に書くと大変なので、簡略しますね。まず、竹村さんの近所に住む友人数人（お茶の水大学の仲間）に病名を話して、協力を依頼しました。食事の支度や入院時の家のことなどです。そのうち、別の友人からさまざまな医療情報・食事療法等が寄せられ、その助言に沿って竹村さんが選択し試行しました。この人たちがさらに仲間となって、チームが正式につくられます。結果的に三〇名近くのチームになったのです。

彼女の治療試行は、最初の病院から長野県八ヶ岳、茅野、そして大阪、東京都東村山などに飛んだので、その折々の付き添い、玄米菜食用の食材、病院への見舞いなど、私がチームの中心になって、竹村さんと相談しながら、そのとき手の空いた人に頼む、という具合。最後の茅野市のホスピスでは、私の疲労が極限になっていたので、いく人かが、ホテルを取って代わってくれました。そして、お葬式は、東京に帰らず遺言によって当地で済ませました。

これが比較的うまくいったのは、①竹村さん自身が「人持ち」だったこと、②河野という指令塔がいて強い信頼関係が築かれていたこと、③チームで役割分担ができたこと、④メンバーのほぼ全員が女性であったこと、⑤全員がパソコンを持っていて、連絡は全部メールで、情報の共有ができたこと、⑥各分野の専門家がいたこと、⑦唯一の近親者がすべてを河野にまかせると言ってくれたこと、⑧ほぼ全員職業人であり（あった）、他者と一緒に何かをするという経験がある、成熟した女性たちであったこと、などでしょうか。それと女性は、男性に比べてかかわりをつくるのがうまい。男性なら素手で、かかわりをつくれないでしょう。ゴルフとか釣りやマージャンの仲介が必要じゃないですか。

ただね、いってみれば経済的知的なエリート集団だったからできたのであって、普通はこんなふうにいかない、という批判もありましたね。

さっき話したように、いま私は有料老人ホームにいます。有料老人ホームが入居者に対してどういうサービスを提供してくれるかは、厚労省の設置基準の中には書かれていなくて、唯一の義務は「安否確認」です。これは朝起きて階下のボードにある自分の部屋番号にマグネットを貼っておく、それで安否を確認するのですね。入居者には子どもも孫もいない人もいますし、いても彼らには頼りたくない、と思われる方が多い。それで、なんとかお互いに助け合える相互援助システムをつくりたいと思っていて、私などは入居後ずっとそれを模索してきているのです。竹村さんの看取りじゃないけれど、これだけ高齢者が増えて、医療保険も介護保険も不十分では、非血縁の援助組織が必要となるでしょうね。ただ、入居者全員がいい考えだと賛成してくれているわけではなくて、まだ思うようにはできていません（後に「支え合いの会」として実現）。とにかく全員高齢者だし、フロントスタッフの数も、何をするかによりますが、十分ではありません。昨今亡くなる方が相次ぎ、切実な問題なのです。

9 カテゴリー化に疑問

それでもまだ女というカテゴリーは手放せない

――フェミニズム、とりわけフェミニストカウンセリングは、セクシュアリティ、ジェンダーについて取り扱ってきましたが、ここでは、ご自分のセクシュアリティ、ジェンダーアイデンティティについてどのようにとらえているかについて、さらにはカテゴリー化の問題についてお話しいただけますか。

河野　私自身は、セクシュアル・マイノリティの方々のためだとしても、LGBTも含めて、カテゴリーをつくることがいいのだろうかという疑問を持っています。わかりやすいし、昨今とても流通していますが、これはセクシュアリティが基軸になったアイデンティティですよね。時間軸でみればセクシュアリティが核にならない子ども・高齢時代は入らないし、縦軸でみれば、セクシュアル・アイデンティティも変化します。「私」は、カテゴリーの「外」

を生きている部分を持っているし、必ずそこからはみ出てくる人がいるでしょう。たとえば一生結婚せず、誰とも親密な関係を持たなかった人は、どうなるのでしょうか。その人はセクシュアル・マイノリティでない、とする？　あるいは、友人に、セックスは男じゃないとダメだけれど、男は信頼していないし、基本的に女が好き、という人がいますが、どこにも入らないですね。

　故竹村和子さんは、一五年前にすでにカテゴリーがうさんくさいと言いつつ、こう述べています。「ストレート[*53]がうさんくさいと同時に、レズビアンもうさんくさい。なぜかというと、それは、セクシュアリティをストレートとレズビアンに切り裂いて、明確な二つのカテゴリーのなかに分離する操作だからです。（略）ストレートの社会構築性を問題にしないかぎり、ストレートは何の譴責《けんせき》も受けず、レズビアンは結局ストレートの寛大な心によって社会への参入を許された少数者という位置にとどまるだけです。（略）」（『ラディカルに語れば…』（平凡社、二〇〇一年）。つまり彼女の言いたいことは、圧倒的なマジョリティと思われている、異性愛を問題視しないで、同列的に他のカテゴリーを論じることは無意味だということでしょう。

　昨今はXジェンダー[*54]という人もいるし。今、性同一性障害を「性別違和」

＊53　異性愛者のこと。

＊54　性自認が男性でも女性でもない人のこと。

という呼び方をしますが、男から女になりたい、またはその逆、あるいはどちらかの性に決めない、そういうことが自由になってきていることはいいことだと思います。

ただ、女というカテゴリーはまだ手放せない。差別されているグループに属するがゆえに、カテゴリー化に違和感があると言いつつ、女というカテゴリーを手放せないという矛盾を抱えているのです。抑圧されている、差別されていると主張する場合に、カテゴリー化された集団は有効です。

カテゴリー化されないのがある種の自由

岡野　アーレントは、自分は何者か自分ではわからないと言った人です。〝Who〟というのは、他人の前で話して、人から見られて初めて「この人は誰」と他人にはわかる。それこそが、ほかならない「私」です。でも「私は何者か」、つまり〝What〟は永遠にわからなくて、どれだけカテゴリーを挙げていっても——日本人、女性、京都で働くなど——「私」は言い尽くせないわけです。そして、アーレントは、カテゴリー化しきれないからこそ、「私」は自由だと言いました。

私は若いとき、今でもそうですが、スカートをはかなかったので男の子っぽく見られていたんです。東京にいるとき、飲み屋街を歩いているとキャバクラのお兄さんに声をかけられたり。「お兄ちゃん、いい子いるよ」って。振り向くと「あー、女か」みたいな、そんな感じ。でも、男に見られることはすごく嫌だったんです。

小さいときは、男の子になりたいという思いがありました。男の子の友達が多かったし、一緒に遊んでいた。でも、高学年になると女だからって離されるんですよ。ソフトボールも別々になっちゃうし。で、二〇歳くらいかな、大学に行くぐらいになると男に見られるのは嫌だけど、女の格好はしたくないわけです。だけど、女性を否定すると男に見られるのです。男になりたいのか、男らしくなりたいのかと言われて。いやいや、そんなふうにはこれっぽっちもなりたくない。だけど、いわゆる女らしさ、世間が期待する女らしさは否定したい。すごく難しいですね。

河野　私もよく男に見られますよ。背丈がある程度ありますでしょ。それに、態度がなんか偉そうなんですって(笑)。普段は化粧とかもしないし。米国でさえも男に見られました。でも、それはあんまり気にならない。私は、自分が女であることが好きだし、ほとんど気にならないですね。基本的に他者からどう見られるか（思われるか）は気にしないせいでしょう。

岡野　カテゴリー化されることは、やはりフェミニストは嫌なわけでしょ。私は私なんですから。でも、私も河野さんと同じで、女というカテゴリーは絶対手放せないと思っています。それは、女とカテゴリー化された者は、私も含めた女性たちが、この社会では制度的に非常に不利な立場に置かれているからです。統計的にみてもね。だから、女というカテゴリーは外せないですね。

第4章

あなた自身を生きなさい

母と娘

かまうことはない、母を置いてあなたはそこから飛び立ちなさい。

母による娘の支配・操作

フェミニズムにとって根源的なテーマである母と娘の問題に挑んだのは、ナンシー・フライデー著『母と娘の関係（上・下）――「母」の中のわたし、「わたし」の中の母』（俵萠子・河野貴代美訳、講談社、一九八〇年）でした。米国での出版は一九七七年、フェミニズム真っ盛りの時期で、長期にわたってベストセラーを続けました。以降、問題になってくる事項がほぼここで述べられています。

共訳者としての私は「あとがき」で、「本書の主題である母・娘の密着・分離の必要性は、私たち日本の女性にとっても身近な問題である」と書いています。当時、母・娘の密着が話題になり始めていました。たまたまこの頃、某週刊誌が、結婚後も毎日住居を訪れ、ささいなことに一つ一つ口をさしはさむ母親に対し、抗議のごとく自死した娘のことを報じていて、今でも強く記憶に残っています。この母にとって娘は、密着どころか自分の存在の延長のようにすらみえます。日本における母・娘の密着状態のすべてがこのような悲劇的事態を生むわけではないにしても、起こりうる事例としては切実です。

私がＷＡＮ（Women's Action Network　女性による女性のためのウェブサイト）でやっているオンライン・カウンセリングにもたくさんの母娘問題が出されます。一例をあげてみましょう。少し長いけれど引用します。

音楽大学の二年生です。母は地方都市に住んでいます。母が毎日、たくさん携帯メールを書いてきます。返事を書かなければヒステリーを起こして電話をかけてくるので、仕方がなく返事を書いています。しかし離れてまでこのようにメールが来るのが、だんだん鬱陶《うっとう》しくなってきました。実は、母と父は仲が良くないので、母は上京してきて私と一緒に暮らしたいと言うこともあります。今にもそれを実行しそうな時があるので、とても不安です。母はまるで父との不仲を埋め合わせるように、私を音楽大学に入れるため、小さい頃からレッスンの送り迎えをしてくれたり、家での練習を見てくれたり、本当に尽くしてくれました。ただ、母には冷たい父でしたが、私には愛情をかけてくれましたので、父が私に愛情をかけて接しているのを母は感じ取っていて、私につらく当たることもありました。また、母はある健康食品に凝っていて、私にも大量に送ってきます。周りの人たちにも勧めていて、そのことで父が母に注意をすると、怒り狂ったようになって制御がきかなくなり、私のところに電話をかけてきて、父に対する愚痴を聞かされます。「もうたくさん！」と思って電話を切りたいのですが、母には私しかいないのにと思うと電話を切ることもできず、母の気持ちが収まるまで聞いています。こういう母と、これからどうしたらいいのか教えていただきたいと思いました。

（WANの許可を得て掲載）

このような訴えは、あげるのにいとまがありません。母娘問題が顕在化して以来、めんめんと続く問題の大きな一部です。反抗しようとすれば、「よくやってくれた母」が顔を出し、現在の反抗が抑圧されてしまう。母への感情を愛情というのは少々無理があるとしても、相談者が困っているのは明らかにそのアンビバレント（相反する感情が同時に存在する状態）でしょう。それにもまして問題なのは、きちんと書かれてはいませんが、父母の分離に加担させられそうなことです。母は暗に、娘を自分の味方にして父に抵抗したいのでしょう。このような立ち位置は、娘にとって本当に苦しいものです。母と娘の入り組んだ関係性は、母による意識的、無意識的な家族や娘の支配・操作であるといえます。現代の娘たちは、いかにして母を超えて生きることができるのでしょうか。

今でもある良妻賢母幻想

同書の原著者・フライデーは、二〇〇名を超える女性にインタビューをして、関係の実態を掘り起こしました。彼女の主テーマは、母・娘の共生関係です。母とは違った生き方をしたいと思いつつ、振り返ってみれば、母とよく似た生き方をしているとか、生活習慣や身振りにおいて母とそっくりとか、母を憎みながら愛するという矛盾に悩む女性の話が出てきます。そしてフライデーは「二年間というもの、私は女たちの怒りばかり聞くはめになった。それは私自身の隠れた怒りを自覚するのに必要な期間でもあった」と、自身のアンビバレンツにも気づいています。

共訳者の故俵萠子さんは、同書の「はじめに」で、娘のことはわかっていて信頼もあるが、同性であることの疎ましさ、時に憎しみも混じる。だが息子のことは、娘とは違って信頼の置けないところと、その分とめどなく甘くなっていく部分がある、と育児上感じた性の違いを書いておられます。たしかに、娘のことはわかるが息子のことはわからない、という育児談を頻繁に聞きます。わからない息子は部分的に他者であり、距離があるということでしょう。

では、娘のことならわかる、というのはどういうことでしょうか。たとえば身体的に、月経の到来やその意味を、あるいは出産・母親になる体験等を父親は娘に教えられませんが、母はこのような身体的「同性性」を伝えられるし、娘もよくわかるということは容易に了解できます。しかし、このような身体性＝血縁的つながりを強調することは、娘が母とは違った個性として生きていくという現実が視野に入っていないことにもなります。なぜなら、「伝統的」な身体的・生殖的意義や世代間の伝承を超えたところ（たとえば子を持たない／持てない、人工受精、養子）で、あるいは社会から期待される役割の〝外側〟で（たとえば、役割より自分を生きる、ＬＧＢＴなど）娘が生きるかもしれないからです。個性のみならず母と娘とは世代が違い、したがって文化が違い、もっと単純に好みも違うはずです。

ところが、密着状態では、最初に同性であることを認識したときに、同性＝同じという共生関係を刻印してしまい、その時点から母は娘を自分の分身にしてしまうのでしょう。問題はここにあると思われます。このような共生関係は、最初は必須です。言葉を持たず、快・不快のみを示す赤ん坊の要求をわかってあげるためには共生的絆が必要だからです。しかしその後、娘の発達につれて、既述したように母とは違った別の人格が立ち現れます。

一般的にそれを母は認識するはずですが、認識しないまま、刻印されたこのような共生関係にしがみつくことがあります。これを「共依存」といいます。

この分離不能性は、良妻賢母という役割に縛られた母の生き方に関係すると思われます。良妻賢母のイメージは人によって違いがあるでしょうが、それは、自分ができるのか、できないのか、したいのか、したくないのかに関係なく〝するべき総合的目標〟として存在します。とりわけ良き母であらねばならないという呪縛《じゅばく》から逃れられない母が現在もたくさんいて、母娘問題だけでなく、児童虐待等の一部もここに原因があります。あるべきイメージ（しかし「良き母」とはいったいどういう実態を指すのでしょうか）に必ずしも一致しない自分の苛立《いらだ》ちや怒りは、子どもが思ったようにならないときに強く湧き起こるため、感情をそのままに対象である子どもにぶつけてしまうのです。

母自身の心配のほうを重要視

私自身は、第1章の対談で述べたように（14頁参照）、母から「お前のことはわからなかった」とか「こんな子を私が育てたのか？」と言われた娘です。母の本音でいえば五〇%ぐらい、私は他者だったのでしょう。このような言葉を思い起こしてみれば、思わず苦笑してしまいますが、母の嘆きの理由は簡単です。一八歳から家を出ていて、時折実家に帰っても、私の部屋や衣類等の所持品はなく、私にとって実家は滞在先にしかすぎなかったことがあげられます。

それ以上に重要なのは、私が母に何も言わなかったこと、とりわけ困ったことや困窮している事情があってもそれを言わなかったことです。彼女は、何に対しても過剰に心配するし、私が自ら考え処理できる幅や深さを決して理解できませんでした。大丈夫だと断定する私の言葉を信じるよりも、母自身の心配のほうを重要視していたからです。自分の心配から離れられませんでした。このように、娘を客観的に見ることができないというのも、母親の特徴の一つです。

女性の人生は「妻」や「母」だけではない

では、どうすればいいのでしょうか。母親が、母役割とともに役割以外の人生において選択や決定、他者との関係づくりを通じて納得のいく人生を過ごしたいと考えていれば、「母親＝個人」という認識から娘との分離が行われます。母が、母役割の中に自身を閉じ込めないで自由な自分らしい人生を生きれば、娘も自由な自分を生きられるのです。これを看破したのがフェミニズムでした。しかしながら現在でも、母・娘の葛藤は、関係の様相や質を変えながら続いています。

一方の娘はどうすればいいのでしょう。この問いに私は、「かまうことはない、母を置いてあなたはそこから飛び立ちなさい」と言いたいです。女性の人生は、「妻」や「母」だけではありませんから。母は自分の生き方を否定されたように感じ、強く拒絶するかもしれません。それでも、あなたは母の生きられなかった人生を私が生きていると胸を張ってください。いつかやさしい気持ちを持てるようになったとき、お互いの和解にたどりつく。そこに向かってください。女性が自分自身を生きていいのだというフェミニズムの核心が変化を支える鍵となります。繰り返しましょう、あなた自身を生きていいのです。

コラム③

今後の母娘関係を考えるうえでのヒント

加藤　伊都子

「母娘関係」に取り組み続けて

私が「母娘関係」という言葉を知ったのは、一九九一年からウィメンズセンター大阪で開かれていた、フェミニストカウンセリング講座でだった。講師は河野貴代美さん。心理テストや河野さんの著書などさまざまな資料をもとに、自分たちで学び考え話し合うという参加型の講座だった。継続受講した二年目の四月、いくつかのグループに分かれてテーマごとの研究が行われた。他のテーマよりは関心があるという程度の理由で私は「母娘関係」のグループに参加した。

この講座が終了した年の一〇月、最初のフェミニストカウンセリング全国大会（一九九三年）が開催された。この大会で私は、上記の講座内研究グループの仲間とワークショップ「母娘関係」を担当。その後第二回（一九九五年）、第三回（一九九六年）の全国大会で「母娘関係」分科会の発題を担っている。そして第四回（一九九七年）には、「フェミニストセラピィ"なかま"」で「母娘関係」のグループを主催していた和田順子さんとワークショップを持った。第六回（一九九九年）ではワークショップ「私を語る言葉に出会って」を主催。その前年から、「フェミニストカウンセリング堺（以下、「FC堺」）」でスタートしていたグループ「スイトピー」（母娘関係を考える会）のメンバーに、それぞれにとっての「語る意味」について話をしてもらった。二〇〇〇年一一月、グループ「スイトピー」が自分たちの母娘関係についてまとめた冊子『母娘かんけい—二年間の語り合いを終えて』を発行。第七回大会（二〇〇〇年）では、主催した分科会「母娘関係を考える」で、「スイトピー」のメンバー六名が発題者となった。前身の「日本フェミニストカウンセリング研究連絡会」から数えると一七回目にあたる、第九回「日本フェミニストカウンセリング学会」（以下「FC学会」）全国大会（二〇一〇年）では、『幸子さんと私』（創出版、二〇〇九年）の著者中山千夏さんを迎えて、シンポジウム「娘は母を越えられないのか」を開催。発題を担当した。二〇一一年には『母がしんどい』（中経コミックス、二〇一二年）の著者田房永子さんを招き、「FC学会」公開講座「キレる私をやめたい」を大阪で開催。このとき私は、田房さんとの対談を担当している。

以上が「母娘関係」とフェミニストカウンセリングと私の関わりである。初めての単著『私は私。母は母。』（すばる舎、二〇一二年）はこうした関わりから生まれた。

自分の生きがたさと母との問題のつながりを直感する女性たち

強い関心があって選んだわけではないというわりには、長くこのテーマに関わり続けているが、当時は気づいていなかった必然性が私にはあった。それは、長女であり一人娘である私への母の思いである。いつからそうなったのかはわからないが、母はいつも私を求めていた。家を離れていた私はそうした母の思いに向き合うことも、またはっきりと拒絶することもしなかった。母との関係が面倒でストレスがあるのは当たり前のことであり、解決できる問題とは思っていなかったような気がする。

私のように自分と母との関係に問題を感じないまま成長した女性が、なんらかのきっかけで母に疑問を感じるようになる例は珍しくない。「母との関係にはとくに問題はないのですが……」と言いながら「母娘関係」の講座に参加してくる女性もいる。彼女たちが意識している問題の多くは、自分の生きがたさであり子どもとの関係なのだが、それらが母との問題につながっているという勘のようなものが講座に足を運ばせるのではないかと思う。

■母との関係を描いた漫画が娘の背中を押す

「母娘関係」はフェミニズムやフェミニストカウンセリングでは以前から重要なテーマとされていたが、それが一般にも広く知られるようになったのは、佐野洋子さんの『シズコさん』（新潮社、二〇〇八年）と中山千夏さんの『幸子さんと私』の出版が大きく影響している。この二冊の本が、それまでに出版された「母娘関係」の本と異なるのは、両方とも有名人が自分を育てた実母への不満を赤裸々に語った本だということである。フィクションでも評論でもない当事者語りの本は衝撃を持って受け入れられ、多くの女性から共感の声が寄せられた。

この二冊以後、多くの当事者語りの本が出版されている。中でも爆発的なヒットとなったのが、田房永子さんの漫画『母がしんどい』である。これを契機に母親との関係を描いた漫画も数多く出版されている。いずれの本にも母親との関係と同時に著者本人が母親に感じる苛立ちや恐怖、自信のなさなどが描かれている。田房永子さんの『キレる私をやめたい』（竹書房、二〇一六年）ではネガティブな感情を爆発させ、夫に暴力を振るっては自己嫌悪に陥る自分自身と、母から受けていた影響に気づいていくプロセスとがわかりやすく描かれている。

これら当事者語りの本は、なぜ母との関係が苦しいのか、その苦しさから逃れるにはどうしたらよいのかを考えるうえで参考になる。実際にこれらの本に背中を押され、母との関係を断ったという女性も少なくない。また田房さんの作品のほかにも、病んでいる母、発達障害の母、恋愛依存症の母、虐待する母など多彩な母親像が漫画では描かれている。同じ悩みを持つ人がいることを知るだけでも当事者には救いになるのではないだろうか。

母親であることの軛から解放されるには

もう一つ、母であることの経験を紐解き、分析し、母であることの苦悩から女性たちを解放してくれる本があればと思っている。『シズコさん』や『幸子さんと私』が娘たちの語りのテキストとなったように、母親たちの語りのテキストとなる本があればと思うのだが難しい。誤解を恐れずに言えば、母親であることとフェミニズム、フェミニストカウンセリングとの間には、どう処理したらよいのかわからないような相性の悪さがある。母親としての経験を肯定的に語れば、家族礼賛、母性礼賛の言説に取り込まれかねない。それを怖れれば自戒と反省を込めた自虐的な語りにならざるを得ない。

娘が娘であることの軛《くびき》から逃れるには、彼女自身が意を決して飛び立てばよい。だが、母親が母親であることの軛から解放されるために、娘や息子を捨てることをフェミニズムやフェミニストカウンセリングは容認できるのだろうか。母親はどこまで母でいなければならないのだろうか。母親を解放するのはどのような言葉なのだろうか。

「あなたたちには私がいる」

おそらく河野さんは「その問題意識はあなたが深めて、その本はあなたが書きなさい」と言うだろう。「FC堺」の開業にあたって不安がるメンバーたちに「あなたたちには私がいる。怖れることはない」と言ったのは河野さんである。たぶんこれが、親が子どもの背中を押すときに見せるべき姿ではないかと思う。そう言っておきながら、経過を見るでもなく、こちらから相談しない限り、「どうしてる?」と声をかけることもない。もちろん「よくできた」とも言わない。だからこそ、成果は河野さんのものではなく、われわれのものとなった。これをそのまま血を分けた母娘に適用することはできないが、後に続く女性を応援するこの姿勢に、これからの母娘関係を考えるうえでのヒントがあるような気がしている。

自分を知る

他人のほうを見るより自分を見ることのほうが重要です。自己を明確にすることによって、他人をより正確に理解するようになります。なぜならあまりゆがんでない自己の鏡に他人が写りますから。

自分を知るメリット

自分を明確にするということは、私たちにとって、なかなか難しいことです。ある人は私に「〝私〟といっても、亡夫、子ども、孫それから祖先も含めて私がいるのだから、切り離して自分なんて考えられない」とおっしゃっていました。これはこれでなかなか鋭い洞察です。自分一人で私が成立しているのではなく、歴史や文化まで含めて、他者との関係の中にしか私はありえない、これはそのとおりです。ただし、これで自己を表すとして、関係の中にいる全員を引き合いに出さなければ、自分を説明できないことにならないでしょうか。この中に「埋没」したままその一部としての自分なのか、あるいは個としての自分を認識したうえでのそれぞれとの関係性なのかは、重要なポイントでしょう。

この意味で、自分を形づくっているものを意識して明確にする、肯定するにしても否定するにしても、それを少なからず認識しているかどうかということが大切です。精神医療や福祉の領域でも当事者主権という概念が強調される中で、当事者が当事者としての自分を明確にすることの必要性がいわれるようになってきています。なぜなら彼／女はこれまで「社会」の中に埋もれて（あるいは疎外されて）きてしまったからです。

初期のフェミニストカウンセリングでは、「自分を知る」ための講座を開いてきました。自分を知ることのメリットとは何でしょうか。受講生の一人Aさんは、「自分のことを知ったら、なんというか着地できたような気がする。誰かに同化する必要もなく、違っていようと相手を認められるし、自分にとって楽」と語ってくれました。自分を知る（＝自己覚知）ということは、今ここにこのように存在していることを自分で認めることができるということです。自己覚知は、その人の持つ、大きな力になるでしょう。

もう一つ、自分を明確にすることによって、他人をより正確に理解できるようになります。なぜなら、あまりゆがんでない自己の鏡に他人が写りますから。言い換えれば、他人を理解するには、自分に相手を映し出す曇りのない心の鏡（一〇〇％でないにしても）がいるということです。その意味で、他人のほうを見るより自分を見ることのほうが重要なのです。

忖度

最近よく取りざたされている「忖度《そんたく》」は、日本の文化において、人間関係のキーワードになっています。

以前、「人間関係が難しいから」と人づきあいに背を向けがちの人に、難しい理由を伺ってみました。要は「いろいろな人がいるから、いちいち考えるのが大変だ」ということらしい。要は忖度ですね。米国では、人間関係が難しいという言葉はあまり聞かれません。関係は切り開いていくものだ、との基本的了解があるせいでしょう。もちろん、ノーが言えないとか非主張的な女性はいます。いずれにしても、本来多様な民族で成り立っている国のことですから、忖度のしようがありません。逆に率直に対応しないと、関係はうまくいかないし進まないのです。

日本では、とくに女性は、「あなたはどうしたい？」とあまり聞かれません。相手の気持ちを汲んで受け止める、いわゆる「忖度」することが女性の役割として重要視されてきました。自分がどうしたいかを探るには、まず、この女性の性別役割を意識して振り落とすことが必要になってきます。

フェミニズムは、他人（夫や子どもや親戚やまわりの人々）よりも自分を見るようにと、メッセージしてきました。自分を見るとは、自問するということ。普段ぼんやり考えていることを自分への問いの形にするのです。すると、「あれ？」ということになる。「どうしてなのかな」「自分はこれでいいのかな」と、どんどん問いは広がっていきます。このような過程において自己理解が進み、同時に他者理解も進みます。

「やりたくない人はやらない」

日本フェミニストカウンセリング学会が二〇〇一年に設立されたときの宣言文をここに紹介させてください。

日本フェミニストカウンセリング学会は、女性が一人の人間として、女性として、生きいきと暮らしていけることを願い、そのために女性の心理的問題の現状とその社会的背景を考え、またその問題の解決やそれからの回復を援助しようとする人々の集まりです。この会では、これまでの伝統的カウンセリングに見られる「専門家」集団の考え方や実践方法の誤り、および欠陥をふまえ、女性による女性のためのフェミニストカウンセリングの確立をめざします。そのための有効な発想、理論・実践、運動方法を考えていきたいと思います。また既存の心理学流派、専門家、非専門家といった区別にこだわることなく、お互いに交流し協力し合いたいと考えます。

ここには新しいカウンセリングの方向性が明確に述べられています。そして、このような会則を実践するための「三原則」があります。それは、「①やりたい人がやり、やりたくない人はやらない。②やりたい人は、やりたくない人に強制しない。③やりたくない人はやりたい人の足を引っ張らない」というもの。ここには、ものの見事にフェミニズムの自立・自律の考え方が述べられています。同時に、女性たちがグループを形成するときの心構え、哲学が簡潔に提示されているといえるでしょう。

まず「やりたい人がやる」。そのためには自分が○○をしたいのか、したくないのかが、自分の中で明確になっていなければなりません。とはいっても、したいのか、したくないのかが曖昧である場合もあるし、曖昧にしておきたいことや時もあるでしょう。しかし最低でも「したい」「したくない」「わからない」の区別は必要です。このときの「わからない」という区別も同じくらい重要であることを強調しておきます。

「やりたい人」は、その旨を申し出られるかどうかが次の課題です。やりたいまではいかないがしてもいい程度、と感じているときはなかなか申し出にくい。そこで、なんとなくまわりから推薦されたという雰囲気をつくりたい、という場合はよくあります。これが極端になると、無責任体制になりかねません。「自分は推されただけ」といったような「やりたくない人はやらない」は、「やりたい人がやる」の裏返しですが、ここでたえず懸念されるのは、やらないことで感じる罪悪感です。とくに日本のように、皆と一緒の同調圧力の強いところでは、罪悪感を持たないで「やりたくないからやらない」という態度を貫くことが難しいことは認めましょう。しかし、やりたくないのにやっていれば、必ず何らかの矛盾や葛藤が生まれ、結果的に苦しんだり、まわりを責めるようなことになりかねません。

次に、「やりたい人はやりたくない人に強制しない」。「私だって大変なところをやっているのだから、あなただって……」と言うとか、ほのめかすことがよくありますね。しかし、個人の事情は千差万別。このような三原則に従う限りは、個人の意思や事情を大切にすると決意するしかないのです。そうすれば、翻って自分の意思や事情も大切にされます。

そして「やりたくない人はやりたい人の足を引っ張らない」。自分はやりたくないし、するつもりもないものの、その場からは撤退せずに居続けつつ（排除されたくないから？）、〝助言〟などと言って、足を引っ張るような言葉を述べる。これもよく見かけます。でも、やらないと決めたなら、きっぱりとその場を立ち去るべきでしょう。

換言すれば、その時々の自分の立ち位置を自ら十分に認め、受け入れるということ。結局は自分と仲良くできるかどうかということであって、このようにして自己は明確になり、結果的に他者をよく理解できるようになると思います。さらにこのような立ち位置を、私は〝自信〟と呼びたいと思います。

複眼思考と分節化

あれかこれかの二者択一的な思考は、この二つの間に存在する曖昧な領域あるいはグラデーションを無視します。結果的にあれかこれかによって決断しなければならない場合も多々あるでしょうが、複眼思考を試みたうえでの決断でないと、後悔が残りがちです。

二者択一的な思考の問題点

「いろいろな人がいるからねぇ」とはよくいわれる言葉です。考えや振る舞いが自分と異なるときに頻用されます。しかしそれが、私には、A・B・C・Dという異なった考えがあり、A・B・C・Dという異なった振る舞いがあるということを前提とした言葉のようには聞こえません。極論すれば、それは自分とある特定の人（複数の場合には概して一括される）とは違うという単純な判断のときに使われ、さらにつけ加えれば、自分とは異なった考えのほうが間違っているとの批判も含みそうなようすです。「いろんな人がいる」との言葉が本来持つ多様性が、十分に認識されているようには思われないのです。

換言すれば、「あの人のあれ」か「自分のこれ」か、にしか聞こえない。つまり二者択一的なのですね。さらに「あの人のあれ」は、ほぼその人全体の印象というか、イコール人間性になることもあります。そして、自分のほうにいる（らしい）人は味方で、他者は見知らぬ人か敵、と振り分けていくことも。これでは、人の多様な側面を受け取っているとはとてもいえません。

あれかこれかの二者択一的な思考は、この二つの間に存在する曖昧な領域あるいはグラデーションを無視します。結果的にあれかこれかによって決断しなければならない場合も多々あるでしょうが、複眼思考を試みたうえでの決断でないと、事態や関係は複合的というか複雑に立ち現れますから、自分にとってよりよい結論を得にくくなるかもしれません。

分節化の必要性

ここで、矛盾するように聞こえるかもしれませんが、「分節化」の必要性を書きましょう。前述したのは二者択一的な「あれ・これ」ですが、「分節化」とは、事柄を「あれはあれ、これはこれ」と分けて考えることです。たとえば、あるポストのために私がAさんをBさんに紹介したとします。あとはAとBさんの問題であって、私は頼まれない限り介入しないでしょう。あれ（紹介したこと）とこれ（紹介された二人の関係）に私はかかわらないという意味です。「その後どうなりましたか」などと聞きたがる気持ちはわかりますが、要はひきずらない。

もう一つ例をあげましょう。私の昔の同僚Cさんが、イライラしていた場面を思い出します。ある日、CさんはDさんからEさんへの伝言メモを渡すように頼まれます。伝言には「追って返事をください」と書かれていたのですが、どうもEさんは返事をしている様子がありません。Cさんは、自分がちゃんと伝言したかどうかをDさんに疑われることが不安で苛立っていました。返事をするかどうかはEさんの問題で、Cさんが差配できることではありませんから、苛立ってもしようがないのです。そしてCさんがEさんに返事したかどうかを尋ねたりすれば、余計なお世話と言われかねません。

つまり分節化とは、自らの立ち位置を明確にし、自分がかかわれるかどうか、かかわれるとなれば、どこでどのようにすればよいかを考慮する作業でもあります。先ほどのCさんが、ちゃんと渡したかどうかDさんに疑われるのではないかと心配していましたが、ここでも他者の思惑が顔を出しています。

少々原理原則的に書きましたので、冷たく聞こえるかもしれませんが、分節化を少し考えてみるだけで、絡まった糸がほどけるかもしれません。また、分節化の作業は物事を「構造的・複眼的」（平面でなく立体的にとらえる）に見る視点を与えてくれます。この視点は、人や物事の幅や深さを推しはかる貴重な視点となるでしょう。

女性同士の友情

女性同士の友情は、えてしてのめり込むような愛情、密着関係になりがちです。その裏側で、ちょっとしたボタンの掛け違いや誤解などで友情にひびが入り、お互いへの不信が募る場合もあります。

シスターフッド（姉妹愛）

フェミニズムの唱えたシスターフッド（姉妹愛）は、フランス革命のスローガン、「自由」「平等」の次の言葉「フラタニティ（ブラザーフッドともいう。日本語訳は「友愛」。これらは男性同士のつながり）」を置き換えた言葉であることはご存じでしょうか。この有名なフランス革命のスローガンの中に女性はいません。歴史の中で女性は可視化されませんでした。そこでフェミニズムは、男性によって抑圧され、分断された女性たちが、今こそ一緒になって姉妹愛のもと反差別、反暴力に立ち向かおうと促したのでした。

一九七五年、第一回「国連国際女性年会議」がメキシコシティで開かれ、世界各国からたくさんの女性が参集しました（25頁も参照）。国連の会議には政府会議とＮＧＯ（非政府）会議があり、後者には誰でも参加者ができます。このとき、想像を超えた多様な、民族衣装華やかな会議となりました。各発表会やワークショップでは、それぞれの国の事情を説明・理解し合い、一日が水汲みで終わるアフリカの女性も、身体の自己決定権を求める闘いの中、自由な妊娠中絶を求めて「私たちは妊娠中絶を体験した」とボーヴォワール、フランソワーズ・サガン、カトリーヌ・ドヌーヴその他の著名な女性が一斉に声をあげたフランスの女性も、同じ女性であることの苦しみや楽しみを共有しました。参加した女性にとってもすばらしい体験で、私などは興奮のあまり毎日眠れない夜を過ごしました。初めて世界中の女性たちが一堂に会し、何をも恐れず、何にも遠慮せず、違いを越えて声をあげたその現実に。そして姉妹愛の具現化に。ここから確実に女性の友情、シスターフッドが拡大していったのです。

シスターフッドのもと、女性たちは、徐々に女性差別的な現状を改革してきました。たとえば、いま、女性が選挙権を持たない国は数えるほどしかありません。日本では現在、女性差別的な法律はほぼなくなったといってもいいかと思います（そうはいっても、女性の再婚禁止期間が短縮されたのは二〇一六年です）。しかし、日常生活では、「女のくせに」

や「女だからこそ」の言説はいくらでも拾い上げられましょう。議会で少子化について質問している女性議員をつかまえて、男性議員が「あなたが早く結婚して子どもを産めば」とやじったのも最近のことです。

とはいえ、姉妹愛の隊列が少しずつ崩れ始めているのも事実です。現状の変化に伴って、当然ながら女性の欲求や立場や主義主張も異なってきます。一致団結するために「着ていたはずの同じ服」が自分に合わないことに気づいたりするからです。見渡せば、一緒だったはずの人たちが、それぞれ違った道を歩き始めているようです。そこで、女性は傷つき、否定的な感情にさらされます。誰だって怒り、嫉妬心、裏切られた感情を抱えるのは、決して愉快ではありません。それのみならず、そういう自分に批判の目を向けるので、ともすれば自己否定的になります。これまでよくいわれてきた「女同士の友情は成り立たない」という言説とは別に、女性の中の格差が拡大、生き方や考え方が多様化していることから、共通の「わかる、わかる」という感覚が少なくなったのは事実でしょう。

では、姉妹愛と呼ばれる女性の友情は消滅してしまったのでしょうか。決してそうではないと私は思います。

親密さと距離の置き方

これまでたくさんのクライエントの声を聴いてきました。中でも多かったのが、女性同士の友情についてでした。フェミニズムの文脈を意識しているにせよ、いないにせよ、彼女たちは女性の友情について考えてきており、まだまだ姉妹愛のスローガンは女性の中に根づいていると思います。他方、男性は、思春期はともかく、大人の男性は男の友情とは何かを考えたり、答えを求めたりはしないでしょう。義兄弟みたいなイメージはあるかもしれませんが。いずれにしても女性は「かかわりの性」――かかわることが好き、上手。役割ではなく実際的なかかわりを通して何かを遂行することが多い――です。

たとえば「相手は親友だというのですが、親友って何でしょうか。一緒に何かをするとか、趣味が一緒とか、相手を好きだと思わなければいけないのでしょうか。よくわからないのです」「相手は私に一方的にいろいろ話して、私はいつも聞き役なのですが、引っ越し後、何の音沙汰もないけれど、なぜなのでしょうね。相手にとって私って何だったのかしら」などと問います。女性同士の友情は、えてしてのめり込むような愛情、密着関係になりがちです。その裏側で、ちょっとしたボタンの掛け違いや誤解などで友情にひびが入り、お互いへの不信が募る場合もあります。

友情の最大要件である「親密さ」について、まず考えてみましょう。親密さを簡単にいえば親しいということですね。では、親しいとは、毎日のように会い、相手のスケジュールを詳細に知っているとか、何でも話し合えることでしょうか。私の行くジムでなにげない世間話を聞いていると、本当に相手の事情をよく知っているなあと驚くことがあります。朝から○○をして、それから予定していた○○を止めて、お昼は○○を食べて……というようなことを、お互いに言い合うせいでしょう。とくに私のような世代になると、体調のことがよく話題になります。聞かされている相手は、「そう、大変ねえ」とやさしくうなずいています。

親密性は、じつは距離の置き方に深くかかわっています。親密さの基本は相手を信頼しているということですから、前述のジムでのような関係が信頼につながるかといえば、そうである場合もない場合もあるでしょう。というのは（にもかかわらずというべきか）、突然関係が切れてしまうとか、話し手と聞き役が固定化してしまうとか、あるいは表面上うまくやっているようにみえて、背後では批判したりしていることもあるからです。これは、当然、信頼とは違うでしょう。

親密さを強く求めれば、関係はのめり込み状態になり、結果、容易に密着に行き着きます。相手の気持ちを受け止め、情緒的なケアを得意とする女性だからこそ、距離と境界線をしっかり意識することが求められます。

見捨てられることの恐怖

密着がはがしにくいのは、くっつきすぎているという事実がうまく見えていないために、お互いが疲れ果てるからです。常に一緒に行動し、話も聞いてあげていたのに相手が引っ越せば、途端に関係が切れてしまったというケースなどはそうかもしれません。一方的に話すばかりで、勝手だと思われていた人のほうが、イヤになっていたのかもしれないのです。興味深いのは、ズレに気がついて疲れるのではなく、疲れて初めて気がつくのです。だから気がついたときは、すでに関係の修復が不可能なほど相手をイヤになっている。小さな違いやズレをその都度ていねいに考えたり話し合ったりしないから、ズレは超肥大化し、お互い背を向ける結果になります。これでは信頼も何もありません。

親密性の裏にあるのは裏切られた感情や喪失感で、とくに見捨てられることの恐怖は誰にとっても思い当たるところがあるのではないでしょうか。私の知人で、離婚後もいろいろ言ってくる元夫に、もう離婚したのだからほっといてほしいと率直に伝えてもぜんぜん伝わっていない、と嘆く方がいました。この元夫の心理は防衛機制の一つである「否認」といい、離婚した事実を認めたくないのです。本人は意識的に否認するのではありません。見捨てられる怖さすら認識していないといえるでしょう。

関係を育てるにはプロセスと時間が必要

女性同士が語り合うときには、その問題の是非よりも、そのときにその人がどう感じたのか、情緒を受け止めることが中心となることも多いように思われます。それは、男性がその問題をジャッジ（判定）するというコミュニケーションを多く使うのと対照的です。自分の感情体験や思想信条にこだわらず、目の前の人の情緒を受け止める・受け止められる体験が、たしかに新しい多様な価値観へ自分が開かれていく契機となるでしょう。そのような女性同士のつながりの中で得られるものには、非常に大きなものがあります。

そのうえで重要なことは、率直に話し合うことです。既述のケースの中にみられるように、気持ちが関係についての懸念に傾いたときも即断しないで、思い切って話し合いをすることです。「まあ、そういう気持ちだったの？」というような、相手の未知な部分をさらによりよく理解することは大きな収穫になるでしょう。自分自身に「何を恐れているの？」「何が失われるの？」と自問してください。このような自問をめぐるプロセスには時間がかかります。関係を育てるには、プロセスと時間が必要なのです。

カテゴリーの移動

いきなり関係を切るのではなく、関係性のカテゴリーを変えてみるのはどうでしょう。たとえば、「親友関係」を単なる「知人関係」へ移動させるのです。

関係を切断してしまわないために

私の友人、ある社会学者から興味深い話を聞きました。そしてなるほどと納得しましたので、ここにご紹介します。人間関係において、不快な感情的対立が生じたとき、お互いに率直に話し合うより、その時点で関係そのものを切断してしまうことはよくあります。しかし、いきなり関係を切るのではなく、関係性のカテゴリーを変えてみるのはどうだろう、とはその社会学者の弁。

たとえば、関係の修復不能な「親友関係」を単なる「知人関係」へ移動させるのです。

このような「カテゴリーの移動」を使った私の体験について書きましょう。

　私のパートナーが亡くなったとき、AさんとBさんは、その事実をご存じのはずだし、とくにBさんは故人にお世話になっているにもかかわらず、何の言葉も対応もありませんでした（もちろんありきたりの弔いの言葉など不要ですが、死者への敬意を表してもらいたかった）。私は、少し不快な気持ちを抱き、これまでは仲良くしていたこの二人を「友人」から「知人」のカテゴリーに移動させました。その後二人とは、会えば簡単な挨拶はしますが、しかしそれだけです。両者とも、どうしたのかしらと感じているに違いありませんが、「どうしたの？　怒っているの？」とは尋ねてきません。それはしかたないことなのですが、私自身が関係を完全に切断しているわけではないので、いつか私は「冷たくなっている」理由を二人に説明するかもわかりません。

　ここで言いたいのは、私なら関係が冷たくなっているように感じられたら、「どうしたの？」と尋ねるだろうということです。関係が大事であればあるほど、そのわけを知りたいと思うからです。こういう場面はこれまでにもいく度となくありました。あるとき、私は仲良しの相手に長い間連絡を絶たれてしまいました。理由は推測できたので、私なりの努力はしましたが、電話にも出てくれません。謝罪も含めて何度かの手紙にも反応がなく、がっくり絶望的になっていました。ところが数カ月して、ご当人から何事もなかったかのように連絡が入りました。かの友人の心情に何が起きていたのかはよくわかりませんが、元の友情が取り戻せて本当にホッとしたものです。もちろんすべてがこのようにうまくいくわけではありませんが、何もしないで鬱々《うつうつ》として、結果、関係を閉ざしてしまうのはもったいないと思います。

「嫌い」というような重い感情を扱うとき

ずいぶん前に観たアメリカ映画の中で、こういう場面がありました。二人の女性（Cさんと Dさんとします）が意見の相違で対立します。その後、Cさんが、話し合いたいとDさんに呼びかけ、二人して屋上に出ます。Cさんが口を切ります。「あなた、私を嫌っているでしょう？」。ちなみに、口論の中でDさんは、激しい言葉を使いながらもCさんを嫌いだという表現は使っていません。この問いにDさんも「イエス」と反応します。それにしても、なんと率直なのでしょうか。Cさんは、お互いに論争になっている「考え」そのものは再度持ち出さず（十分わかっていますから）、まずDさんの気持ちを拾い上げます。

このように手に余りそうな状況を、なんとかしようとする努力を私は〝勇気〟と呼びたいと思います。言いだしっぺのCさんには、この「嫌い」という相手の感情をよく認識し、受け止める度量があります。彼女自身はこれにかなり自覚的なはずで、関係におけるきわどい瀬戸際をいく度か体験してきたのではないかと想像しました。そうでなかったら、このように切り出せません。

二人の具体的な会話は失念しましたが、Cさんの「なぜ私を嫌うのか？」という問いへのDさんの答えや、また口論の是非ではなく、それはどういう意味だったかなどを話し合い、結果として、お互いの正直な感情を認識し、とても仲良くなるのでした。これは、感情の率直な表出が、逆に二人を近づけた良い例です。

では、CさんやDさんはなぜこれができたのでしょうか。Cさんは自分に対するDさんの感情を取り上げていますが、「考え」についての論争を蒸し返すことはしません。それぞれの感情を確認し合って、「でも、意見は違うのよね」というスタンスです。「考え」と「人格」を切り離しています。これはとても欧米的であり、議論にすっかり巻き込まれてしまわない方法の一つです。もっとも私たち日本人の多くは、このようにはいきません。とくに女性は。「嫌い」という感情はいわば重すぎて、口に出せば罵詈雑言《ばりぞうごん》になるか、あるいは抑圧するしかないと思われます。そして、関係の切断という結果になってしまうのです。

私たちの会話では、反対意見そのものが即相手の否定につながることがよくあります。「なぜ？」が単純な「なぜ」にとどまらない場合も多々あります。じつは客観的なはずの質問「なぜ？」の中に、「なぜなの？　違うでしょう」の意味を含めるか読み取るかするせいです。ここを冷静に考えてみるためには、既述した「自己主張トレーニング」（86頁参照）のような訓練が必要です。

　この場合の「あなたは私を嫌っているでしょう？」と感情の言葉から入っている点について考えてみましょう。Ｃさんは相手のことをかまわず直截に話しているように聞こえますが、実際にはＤさんに対して「あなたは私を嫌っている」と決めつけてはいないように思います。断定ではなく疑問形です。そして言葉の響きは柔らかい。「あなたは私を嫌っていない？」あるいは「嫌っているように思われるけれど？」でもいいでしょう。「嫌っているのかも」という言葉が、断定ではなく問いとして発せられるなら、Ｄさんからの素直な反応が得られやすいと思われます。この感覚を習得すれば、感情の重い言葉も扱えるようになるのではないでしょうか。

　対立して、あるいは不快感で関係を切断しない方法として、カテゴリーの移動はとてもよいアイディアだと思われます。先ほどの映画の例では、知人（単なる仲間？）が親友のカテゴリーに移動したケースというわけです。

罪悪感

感情・情緒はどのように操作しても心の中に存在します。いくら抑圧しても完全に抑えきれません。そして体の不調などのような形で体を通して反逆します。私自身のやり方は、どのような感情もそれをそれとして存在を認め、受け入れようとすることです。

「ごめんなさい」という口ぐせ

女性が、自責感や罪悪感に苦しんでいることをよく聞きます。夫の死に関して、誰かを傷つけたことに関して、誰かの期待に添えなくて、などなど。自責感や罪悪感は、否定的感情の大きな部分でしょう。ある人が「ずっと自分を責めてきた」とおっしゃっていました。もちろん理由はあるでしょうが、気になるのは〝ずっと〟というところです。私が昔、講演等で、女性が自らを責めがちな傾向に続けて「電信柱が高いのも、郵便ポストが赤いのもみんな私が悪いのよ」と言うと、みなさんお笑いになります。思い当たるところがあるようなのです。

友人に、すぐに「ごめんなさい」と切り出す方がいます。つい先日も会ったとき、某所に行ったらその店は廃業していました。別に彼女が悪いわけでもないのに「ごめんなさい」と言う。何度も出るので、「あなたが悪くないのに、ごめんなさいとおっしゃるのは止めたら」と、つい言ってしまいました。ごめんなさいを連発されると、私のほうもちょっと辛くなるからです。それを伝えると、「ごめんなさい。あらまた言っちゃった、ごめんなさい」。大笑いでした。

「ごめんなさい」が口ぐせになるのは、なぜでしょうか。とにかく自らの善悪の判断に関係なく謝っておけば、場が収まりやすい現実はたしかにあるでしょう。でも、男性がこのように感じそのような立場を取るでしょうか。おそらく取らないでしょう。素直でやさしいという女性ジェンダーがまだまだ強く働いていると言わざるを得ません。

自己否定的感情と自尊感情とは関係があります。自尊感情は、「自己尊重トレーニング」の項（88頁参照）で述べましたが、端的には自分自身を大事に思う心です。女性役割においては「よくやっている」と尊敬されていても、女性自身が自分をどう感じているかを見失っているケースがよくあります。

これにかかわってくるのが、感情の自己評価と他者評価です。私がこう感じる、ということは否定しようのない事実であり、どう評価しようにもできないもので、それは目の前の人にとってもそうでしょう。その、抜き差しならない自分こそが、関係の基礎となるのです。

否定的感情への対応

女性は、よく他人の評価を気にします。無意識にそれを求めているといっていいでしょう。日本文化そのものがそうだといえます。

「やさしい」とか「明るい」「親切」という評価がこれほど重要視される文化は、ほかにないのではないでしょうか。しかも典型化されています。肯定的な感情や振る舞いのみがこのように高評価されすぎると、恨み、怒り、嫉妬、傷つき、劣等感、自責感、罪悪感のような否定的感情が無視され、抑圧されます。

感情・情緒はどのように操作しても心の中に存在します。いくら抑圧しても完全に抑えきれません。そして体の不調などのような形で体を通して反逆します。私自身のやり方は、どのような感情もそれをそれとして存在を認め、受け入れようとすることです。「ああ、嫉妬しているなあ」「これは劣等感にちがいない」などと、感じている間は苦しいかもしれませんが、感情そのものはだんだん軽減されていずれ姿を消します。自分をそのままに認めて受け入れるというのは、じつは自分の感情を受け入れることなのです。

私たちは今ある自分を否定して、他者の評価する何者かになるよう奨励されます。これ自体は必要な時や場合があるし、励ましにもなります。ただし他者評価にあまりに頼っては、それ自体が相手によって上下して、評価は一定しません。自信がないといわれる人たちが自信のなさの根拠にしているのが、他者評価です。感情も含めた、今ある自分をそのままに受け止める過不足のない自己評価、それが成長や学びの土台となります。

ずいぶん前に相談にのっていた若い男の子は、自分を東大に入れるような頭のよい子どもとして産んでくれなかった親にものすごい暴力を振るっていました。東大に入れない自分は人間のくずで、世間は東大生というだけで頭を下げると信じて疑いませんでした。いうまでもなく、これではさっぱり自己評価が育ちません。ただ否定的感情にさらされるのみでした。

「目を覚まして生きなさい」と忠告したのは、イエス・キリストです。目を覚まして生きることとはどういう生き方のことでしょうか。あえて答えるとすれば、自分自身を生きるということになるでしょうか。

夫、パートナーとの関係

女性も男性も共に、思い切ってジェンダーの服を脱いでみると、新しい自分に出会えるかもしれません。

「おじさんのおばさん化」

私の世代では、配偶者が亡くなり単身生活を営んでいる方が多いようですが、ひと回り下だとまだカップル（ここでは、異性愛カップルを前提にしています）が健在です。周辺での事情を聞くと、たいていは妻側からですが、夫との気持ちの齟齬《そご》が訴えられます。かつて夫は企業人間、妻は主婦かパートというカップルが多いのですが、私の世代では、両者ともすでに職はありません。妻が、趣味なりボランティアなりで日常生活をより活性化させているのに比べて、夫の暮らしは概して無味乾燥のようです。

話が横道にそれますが、ジムでのエピソードを披露させてください。それは、結論からいえば「おじさんのおばさん化」です。平日の午後という私の観察時間内の参加者は、どのおじさんもおばさんも退職しています。たとえばウォーキングマシンに乗っていたり、ちょっと集まってしゃべっているときの男女の会話を漏れ聞くと、妻の実家がこのたびの豪雨で被害に遭ったという話、そのお見舞いの言葉等はいいとしても、女性がマシンの横に来て話す子ども、孫等の身内の話を、男性が「ほうほう」と聞いてあげて、自分のところの事情も語るのです。これにはいくらか驚きました。

ずいぶん昔のCM「男は黙って○○ビール」、あるいは、話題は政治・経済、というのは、すでに古い固定観念なのでしょうか。ジムの外でも、このような「いい」関係が続いているかどうかは不明だし、このような変化にみえるものがどのように男女（夫婦）関係の平等化につながるかも不明ですが。

現役世代では強く持っていた性別による差異、関心を寄せる事柄やコミュニケーションの手法の違いなどが、男性が女性に近づく形で変化しつつあって、それでカップルの関係のバランスが取れているなら、ほぼ平穏な暮らしといえるでしょう。

場の緊張に耐えられない妻

比較的バランスの取れたカップルであっても、何かの理由で、妻が夫をなじるとか批判する、あるいは忠告をすることがあるものです。これらの多くは、考え方の相違とか価値観などによるものではなく、こまごました日常の行動への不満や、妻側からのケア的な言辞でしょう。たとえば高血圧症なのに「塩分の取りすぎですよ」とか、「お酒の飲みすぎ」とか、車を「もっと注意して運転して」など。夫を気遣う気持ちもさることながら、妻が何に責任を取るよう期待されているのかというジェンダー規範がここにもあります。お葬式で座敷に座った夫の靴下に穴が開いていたときに、強く恥ずかしいと感じたのは当の夫ではなく妻のほうであった、というような話です。

そして、そのような妻の発言に対して、夫の反応が「うるさい！」と怒鳴ったり、不機嫌に黙り込んだりすると、妻は自分が悪いとは思わないにもかかわらず、この不機嫌な状況から生み出される緊張に耐えられなくなります。生活全般のケアのみならず、情緒的ケアの責任を妻が担うとすれば、夫が不機嫌にならないような言い方やタイミングを測り、かかわり方そのものを妻の側が繰り返し学んでいくことになります。若い人でも同様に、夫を不機嫌にさせず、うまく「操縦」する女性が「できる女性」といわれることが多々みられます。それは、夫の男性ジェンダー「有能感」や「自分の正しさ」を損なわないように伝えることが、いまだに妻に求められるということです。

では、夫（男性）は、妻（女性）よりも緊張に耐えられるのか、というとそうではなく、先に謝って自分の情緒を気遣ってくれるのが女性（の役割）だと決めつけているのではないかと思われます。

女性が自分の落ち着かなさや罪悪感が、ジェンダー規範にとらわれたものと気づいて意識的に変化させていくことによって、関係そのものが変化する可能性が初めて生まれます。不機嫌な夫に対してあれこれの気遣いをするのではなく、自分の気持ちに目を向けて、全体を眺めていられる、揺るがない自分自身をつくってください。それが目の前の人との関係を新しくつくり直すことでもあります。

ジェンダーの服を脱ぐ

今も昔も、男女（夫婦）関係は、性別役割分担意識（それは「女らしさ」「男らしさ」につながっている）にとらわれていたり、「らしさ」の規範から離れられないもののようです。世代ごとに関係性のありようは変化しているといえますが、むしろ高齢世代では、いろいろな義務からかなり自由になって、しみじみお互いを振り返る時期でしょう。

ベティ・フリーダン（25頁の注7参照）が六〇年前に指摘した、女性にとって「自分の人生は何なのか」との自問は、まだまだ新鮮な響きを持っているような気がします。「私って誰？」「他者の期待や思惑でなく私はどうしたい？」に対して、夫の答えはいまだに「内面生活がないって？　それって何？　俺は俺だよ」でしょうか。

　高齢世代の妻にとっては、かつては重要だった問いも、また答えのない夫に苛立ったこともあまり気にならなくなっているのかもしれません。換言すれば、自分の生き方に不満を持ったり充足感を持てず、しかもそれが夫に理解されないという事情より、最初にあげた、関係の微妙な不釣り合いとでもいうような状態のほうが問題なのではないでしょうか。

　それでは、関係性をより対等にするにはどうすればいいでしょうか。一言で言えば、ジェンダーの規範からおりるように努めることです。妻が急死して、家の中の物が何がどこにあるかさっぱりわからず困ったという夫の話をききます。男女平等は、かつてのように理想やあるべき理念ではなく、生活的な自立など具体的必須要件になってきました。これはとくに男性にとってこそ、そうだということです。かつてよく妻が言ったものです。私には四人の子どもがいる。末っ子が夫だと。

　女性も男性も共に、思い切ってジェンダーの服を脱いでみると、新しい自分に出会えるかもしれません。まず女性が、相手に動かされ、相手を気遣うことから自由になって、私を生きる覚悟を決める、そんなふうにすがすがしく生きたいと思いませんか。

コラム④

地方でのフェミニストカウンセリングの実践

河野 和代

■師や仲間たちの情緒的な支えに出合って

私がフェミニズムに最初に出合ったのは、いつ頃だろうか。一九八二年、二一歳。タウン誌編集のアルバイト先で、ウーマンリブの洗礼を受けた年上の女性たちに出会い、私は目からウロコの連続だった。自分が感じていることを表現してもいいんだ、それが最初の私のフェミニズムである。河野貴代美さんがフェミニストセラピィの事務所を開いたのを知ったのも、その雑誌のインタビュー記事だった。

近代と前近代が入り混る地方の街の自営業者、二人姉妹の姉が私である。短大を出て適当な結婚という、安全で楽なライフコースを漠然と思い描いていた。「娘ばかりでよそにやるのは覚悟している」と口癖のように言っていた父。その頃すでにうつを抱えていた父に、私は息子をプレゼントしたかったのだと思う。結婚した後に父が突然亡くなった。自死であった。それまでの世界が突然壊れて、「人は何のために生きるのか」、そして「私はいったいどう生きたいのだろう」という問いに、そこからは憑《と》りつかれることとなる。

傷ついた母と壮絶な母娘バトルを繰り返し、自己否定の振り子の先っぽで大揺れに揺れた。頭でっかちで不器用で、地に足がつかない中、人を振り回し、振り回した自分にさらに傷ついた。誰にもわかってはもらえない。わかってもらうための言葉も持っていなかったし、第一自分が自分のことをよくわかってはいなかった。そんな最中にも河野貴代美さんのことを何度も思い出し、彼女なら私を理解できるのではないか、直接出会ってもないのに、なぜだかそう確信していた。

　一九九四年から二年間、大阪のフェミニストカウンセリング講座に通ったのは、そんな自分自身のためだった。こころに響く講義の帰り道には、電車の中、人目もはばからずにボロボロ涙をこぼした。師や仲間たちの情緒的な支えに出合って、初めて私は自分を深く理解し、肯定することができるようになった。

▩バックラッシュの影響

　ウィメンズカウンセリング徳島を開業して、今年で二〇年になる。個人カウンセリング以外に、CRやフェミニストカウンセリング講座などさまざまな活動を続ける中、次第に仲間や共感してくれる人が増えていった。CAPとくしま、ストップDVサポートの会、暴力根絶ネット、地域サポートネットそよ風、女性と子どもの人権を守るエンゼルランプ、すいーぷなど、地域のジェンダー視点のグループ活動のほとんどは、この時期の受講生が担っている。フェミニストカウンセリングは絡まった自分自身を解いて、一歩踏み出すために必要なものであったが、それは私だけではなかったのだ。二〇年かけて蒔いた種が、確かに地域に息づいていることを感じて、しみじみと温かい気持ちになる。

　私たちが学んだのは、まさにフェミニズムであった。女性が歴史の中でどのように位置づけられ、どんな役割を振り当てられてきたのか。それが心理的にどのような偏りをもたらし、何を得意として何を苦手とするようになるのか。その全部が、個人的なことではなく社会的なものであると知ること。自分を肯定的に受け入れるために、歴史や社会をジェンダー視点で見直す、フェミニズムの知に触れることが大きな力となる。

　では、なぜフェミニズムはある世代で断絶してしまったのだろう。二〇〇〇年以降に起きた、バックラッシュによるジェンダーやフェミニズムの意図的な歪曲、印象操作は大きかったと思う。徳島でも、県議会で男女共同参画社会基本法の改廃を求める意見書が採択され、行政の講座などでフェミニズムを扱うことが、途端に難しくなった。出合えるテーマはセクハラやDVなど個別課題に限定され、フェミニズム理論本体は大学で学ぶ学問になった。女性が自分の生き方にかかわるものとして、フェミニズムに出合う機会がほとんどなくなってしまったのである。

▨地域でのつながりをつくる

働く女性が増えて結婚年齢が上がり、女性の人生の選択肢は拡がったかのようにみえる。一方、貧困や暴力被害、シングルマザーの生きがたさなど、大きく二極化する女性の状況がいわれている。社会全体の厳しさは、頑張らなくては生き残れないという恐怖や不安となって、女性たちをさらに分断する。求められる役割に適応しようと頑張った挙句に、身体やこころを壊す女性たちも多い。私が私であっていい、女の子たちはそう教えられずに大人になる。母親が手渡す「女らしさのバトン」への抵抗と、でもそうでなくては生きられないのではないかという不安を同時に抱え、迷いつつ人生を模索する。フェミニストカウンセリングは医療モデルよりも教育モデルに近く、問題解決だけではなく、女性のエンパワメントを目標としている。私が私であっていいという確かな自己肯定感は、ていねいに自分を振り返って語り、気持ちを受け止められる中で少しずつ育っていく。

地方では、親や身近な人たちが昔ながらの暮らしを生きていて、変化しようとする女性を押しとどめることも多い。外からの圧力がなかったとしても、内面化したジェンダーや性別役割意識によって、罪悪感や不安を抱えて苦しむことがある。夫や子どもとの関係、離婚、子育てや介護、家の継承、不妊や病気など、持ち込まれる相談内容はさまざまであるが、実質家を守り、ケア役割を担うジェンダー意識が、女性たちそれぞれの生き方に深く影響していることを強く感じる。DVやハラスメントという言葉が知られるようになって、女性が自分の生きがたさを名づけ、相談することは浸透してきた。こうした問題に直面して、初めて自分の自信のなさや母から言われてきたこと、自分の認識の枠組みが見えてくることも多い。語ることがそのままに受け入れられ、変化を支持されることで、ようやく一歩が踏み出せるのである。最初に相談した窓口が、ジェンダー視点を持つか持たないかで、相談者のその後は大きく変わってくる。

フェミニズムという言葉をまったく使わなくとも、カウンセリングの中で、これまで出会ったことのない感触に衝撃を受けるクライエントは多い。私が最初にフェミニズムや河野貴代美さんに出会ったときに、そんな感覚を持ったことをよく思い出す。具体的な問題解決を乗り超えて回復をサポートする時期に、他のグループ活動や講座などの案内をすることも多い。私が私であっていいと女性が思えるためには、地域で自分を理解してくれる人とのつながり、それも複数のフェミニストのコミュニティが不可欠である。そしてカウンセリングが終了した後にも、ともにこの街に生きる同じ女性としてのつながりは続いていく。

次の世代に手渡したい

「人は理解してくれる人が誰もいないのと、たった一人いるのではまったく違うんです」「今ある自分では先に行けなくなったとき、階段を上るように一気に動きます。そしてその自分をしばらく生きて、またぶつかったときに大きく変化する。変化の時を支えて共に歩むのがカウンセリングです」。貴代美さんの言葉のいくつもが、私のカウンセリングを形づくり支えている。女性から女性へ、もらったものを次の世代に手渡していきたい。「あなた自身が幸せになりなさい、あなたが幸せに生きていなくて、フェミニズムが良きものだと伝えられますか?」――人生を祝福する、宝物の言葉である。

生きること

八〇年近く生きてきて、私が心からメッセージしたいことは、簡単にして単純。「焦ることはない」です。

「ただただ生きなさい」

今はもう不確かになっていますが、たしか井上靖さんの古い小説に、自死の失敗後、生きる意味を問う若い女性が出てきます。それを問われた主人公の男性が、「ただただ、生きてごらんなさい、この石のように、この木のように」と答える部分があります。そのうちになぜ生きるのかがわかるでしょう、と。その女性に、彼の言葉がきちんと心に入ったかどうかは不明のまま残されたと思います。

今こうして八〇年近くを生きてみれば、小説の男性主人公の示唆したように、「ただただ生きなさい」ということがよくわかります。生きることに意味があるかないかがわかったのかと問われれば答えはノーですが、それはあまり問題ではないような気がします。ただ、与えられた命を生き切ること自体に意味があるといえばあるのでしょう。意味の内容というより、それ自体に意味がある。あとは、人生上の具体的な出来事やそれへの反応や対処に私たちは個々別々の意味を見出しているといえましょうか。それでもよし、そうでなくてもよし、です。

ずいぶん昔になりますが、『意味という病』(柄谷行人著、講談社文芸文庫、一九八九年)を読んだとき、目からウロコの気分でした。私たちは常に〇〇に意味(意義・目的・夢・理由等)があるかないかで生きているといえましょう。たえずインタビューなどで聞かれるのは、「どうして〇〇をされるようになったのですか」。子どもたちには「夢は何?」と。すなわち意味ですね。『意味という病』に「意味のないことをする自由」が説かれているわけではありませんが、私にはこの自由も捨てがたい、というか得がたいと思われます。意味という病に強くくっついているのは、時間ではないでしょうか。そこには時間からの自由がありそうです。時間に縛られるのは「近代人の病」でしょうから。

もっとも「意味のないことをする自由」の中の「する」は、それだけで意味が立ち上がりそうです。だいたい意味の有無の基準はどこにあるのでしょうか。女性は、「一日のうちゴソゴソしていたらあっという間に時間が経ってしまった」とよくいいます。つまり、していることや時間をまったく気にしていないということでしょう。ゴソゴソに意味があろうとなかろうと。こんな「自由」も、時間から解放されているという点でいいのではないかと思えます。

焦ることはない

聖書の言葉を一つ紹介しておきます。「何事にも時があり／天の下の出来事にはすべて定められた時がある。／生まれる時、死ぬ時／植える時、植えたものを抜く時／殺す時、癒す時／破壊する時、建てる時／泣く時、笑う時／嘆く時、踊る時／石を放つ時、石を集める時／抱擁の時、抱擁を遠ざける時／求める時、失う時／保つ時、放つ時／裂く時、縫う時／黙する時、語る時／愛する時、憎む時／戦いの時、平和の時」（旧約聖書コヘレトの言葉）

一見、運命論的に聞こえるかもしれませんが、私はこの言葉をそのようには受け取っていません。自然相手の出来事にはまさしく「時」があるでしょうし、殺す時などは決して訪れてほしくありません。この文面には、本来「時」を神が与えてくれているという含意があります。しかし実際にキリスト者であっても、このような「時」に従っているわけでも、できるわけでもないと思います。あとで「あれが時だった」と感じることもあれば、「今こそ時だ」（「今でしょ」という言葉が流行語になりましたね）と思うこともあるでしょう。

凡庸な表現を使えば、いい時も悪い時もあって、それらの時々は、運命のいたずらに翻弄されながらも訪れるということではないでしょうか。したがって、八〇年近く生きてきて、私が心からメッセージしたいことは、簡単にして単純。「焦ることはない」です。

覚悟と断念

今ならこう言います。「徹底的な空しさまで行きつき、そこから目を離さないこと。生きることは、空しさというか寂寥感（つまりは孤独）を含み込むから、それを覚悟するしかない」と。

空しさを引き受ける

誰かが「寂しさには耐えられても、空しさは耐えがたい」と言っています。けだし至言です。先節で紹介した「意味という病」は、誰にでも巣食う空しさからの逃避の側面があろうかと思われます。いうまでもなくこの空しさという言葉は、いろいろな意味を持ちます。「同じところに暮らしているのだからと思って挨拶をしたのに知らんふりをされた、空しいと思いました」と言う人がいて、へぇ、そんなことにこの言葉を使うのか、と思ったことがあります。また、あるとき「『退屈』と一緒？」と聞かれたので、まあ、同じようなものではないでしょうか、とその人には答えました。予定帳が真っ黒な人は、退屈、つまりは空しさが怖いのかもしれません。

ずいぶん前、某紙の人生相談をやっていたとき、「何をどうしても、何がどうできても、結局人は死んでしまうのだから、考えてみれば人生は空しいのではないか」という質問が来ました。当時、私はその方に大いに共感して、「大勢の人たちは、多様な芸術での慰めとか多忙さとか家族をつくること、自分の子孫が継続することなどなどで、あなた（相談者）の問う空しさを埋めているのかもしれない」と答えました。私の回答にはたくさんの反論があったようで、空しくないことをお教えしたいから、ぜひその方の連絡先を教えてほしいとの熱心な連絡をいただいたことを覚えています。

今ならこう言います。「徹底的な空しさまで行きつき、そこから目を離さないこと。生きることは、空しさというか寂寥感《せきりょうかん》（つまりは孤独）を含み込むから、それを覚悟するしかない」と。なんらかの表面的なあるいは現象的な取引ですまなければ、引き受けるしかないのですね。

空しさを引き受けるといえば、それは強い人だという言葉が聞こえてきます。黒沢明監督の映画「赤ひげ」は、治療費を支払えないような人たちのための診療所をめぐって展開する物語です。そこに運び込まれたのち、自分に何があったのかを一切口外せず、塗炭《とたん》の苦しみにあえぎながら亡くなっていく老人が出てきます。病者の横に座らされて、死にゆく人を見つめるよう命じられた見習い医者は、苦しみを凝視できず、席を立ちたくてウズウズしていました。この病者の老人は強いのでしょうか。ただただ運命に耐えているだけのようにみえます。運命に逆らうことも、抗議することも、恨むこともなく従っている。真相はわかりません。ただわかることは、彼の中にある（あった）のは強い断念ではないでしょうか。諦めといってもいいような。それが強制されたものか、より意思的に引き受けたものなのかは不明ですが。

「迷惑をかけたくない」ということ

年老いていくということは、精神的・身体的にさまざまな断念を強いられます。私の年代では、精神的・身体的制限や限界を愚痴り合っていることが多いのですが、中には、限界にあらがっておられるような高齢者も見かけます。しかし、どれだけあらがっても、いきなり内外からやってくる制限にどう対処できるでしょうか。高齢からくる限界とその受け入れには軟着陸したいものです。

一方、高齢者の孤立については、逆に断念してほしくないと思います。人間関係にはさまざまな摩擦がつきものです。年をとれば、いまさら摩擦にさらされたくない、と関係から引いてしまわれる方を見かけます。迷惑をかけたくない、という言辞もよくきかれます。私の居住する老人ホームでは、入居者が、「いまさら迷惑をかけたくない」と声を合わせます。含意は個々別々に違うでしょうが、私には真意がよく見えません。

ここでは、「迷惑をかけたくない」を考えてみましょう。気になるのは、迷惑をかけたくないだけでなく、その裏面に潜む、迷惑をかけられたくもないという意図が透けて見えることです。迷惑をかけたくないが、かけられるのはかまわないという実践は、考えてみればなかなか困難です。第一、私たち人間が他者とのかかわりを持たずに生きていけない以上、迷惑かどうかの判断は、他者という相手によって異なるはずです。長い年月、社会生活を営む中で、どう考えても迷惑をかけながら、それを心の中で詫びながら歩んできたのではないでしょうか。そういうふうに考えてみると、「迷惑をかけたくない」は、関係のやんわりとした拒否の代弁のように思われます。

「年を取るのは素晴らしいこと」

年老いていくことは、私にとって決して悪いことでも残念なことでもありません。大好きな米国の作家メイ・サートンの言葉をご紹介しましょう。

たとえ私の創造の力が衰えても／孤独は私を支えてくれるでしょう／孤独にむかって
生きてゆくことは／「終わり」に向かって／生きてゆくことなのですから。

（『独り居の日記』みすず書房より）

二〇一五年に亡くなったフランスのシンガーソングライター、ジョルジュ・ムスタキにも「死ぬほど寂しくて泣いた夜もあったけれど、もう一人じゃない、影のように寄り添ってくれる友がいた。もう一人じゃない、孤独と二人だから……」と歌うアルバムがあります。メイ・サートンが講演で語ったという「年を取るのは素晴らしいことです。私は今ほど自分自身であり得たことがなかったからです」という言葉に、私も同感です。老齢を決して美化するつもりはありません。老齢で衰える身心、病に苦しむ身体、何もできなくなった現実を引き受けながら、です。

死ぬこと

死とは何でしょう。これほど難しい命題はないでしょうね。死そのものは、いつかの時という前方にあるのではなく、常に、日々刻々生きるそのただ中に潜んでいるのです。若くして逝かれた哲学者の池田晶子さんによれば、死とは人間誰も経験したことがないのだから、経験したことのないものは存在しない、と。私は？　と問われれば、単なる命の終わりだ、とします。命の終わりを死として別様に（おおげさに）考えるのは人間だけです。これではあまりにもあっけなさすぎるでしょうか。

「肉体は滅びても魂は残り続ける」と人々は言いもするし、またそれを信じている方々は多いでしょう。これに関して私は、信じるとも信じないとも言えません。死後の私の魂の存在を問うのは、まったく別次元のような気がするというか、生存している今のこの意思作用を越えた、かなたの心の働き（それがあったとして）のように思うからです。それにしてもペットは別にして、ＴＶで見る野生動物たちの見事なまでの終わり方に心を打たれます。治療などなく、未練がましくもなく、ただただ命を終える。若い頃は「野垂れ死にしてもいい」と思っていましたし、今でも思っていますが、それは町中ではほぼ不可能でしょうね。

しかし、死を迎える準備はしておかなければならないと切実に思います。私のように「おひとりさま」である場合はとくに。死までの病床においてはどうしたいか。友人たちのお見舞いを受け入れるのか、死の床で傍にいてほしい人がいるのか、それは誰か。もし認知症になって、自分で考えることができなくなる前に、しておかなければいけないことが多々あります。延命治療を望むのか望まないのか、極端には尊厳死や安楽死をどう思うか。死後の葬式等に続く残される物や残金（あれば）はどうしたいのか、拾い上げればたくさん出てきます。

どう死ぬかはどう生きるかである——そのとおりでしょう。先述したように、「目を覚まして生きていなさい」と忠告したのはイエス・キリストです。彼は言います。「だから、目を覚ましていなさい。その日その時が、あなたがたにはわからないからである」（マタイによる福音書二五章）

第5章

対談

いま、伝えておきたいこと

10 フェミニズムの衰退・断絶をめぐって

八〇年代後半から運動総体が衰退

河野　今、フェミニズム運動が衰退していますが、それはなぜなのかを考えてみたいと思います。

一九七〇年代から八〇年代に活動していたいくつかの団体は解散しましたよね。運動としての阻止連[*55]はまだ、動いているでしょう。ほかに、夫婦別姓を進める会も小さな運動としてありますかね。労働組合運動にはフェミニズムは影響を与え得なかったと思いますし、なによりも組合の男性運動家がまったく変わらなかったですよね。たぶん今でも旧態依然じゃない？　女性独自の動きはあったのでしょうか。

——個人加盟のユニオンはあります。女性ユニオン東京、パープルユニオンや北海道ウイメンズ・ユニオンなどが活動しています。労働系の団体として

＊55　'82優生保護法改悪阻止連絡会の略称。八二年発足。改悪を阻止した後、中絶や避妊、優生思想について継承・発展させる場となる。九六年母体保護法成立後、「SOSHIREN女(わたし)のからだから」と改称。

は、二〇〇四年に均等待遇アクション21が、二〇〇七年に働く女性の全国センターが立ち上がっています。二〇一四年には、マタニティハラスメント対策ネットワーク（通称：マタハラNet）という団体もできています。

岡野　フェミニズムだけではなく、八〇年代後半から、市民運動なども目に見える形の運動がなくなっています。もちろん、反戦運動などあるにはあったのですが、ほとんどがシングルイシュー[*56]で、一般の人が参加するような大きな運動としてはなくて。日本社会全体が、連帯して運動する、抗議するといった雰囲気がなくなったのだと思います。

河野　今度の安保法制反対[*57]ですよね、しばらくぶりに市民運動を含めて出てきたというのは。いわゆる断絶したのはいつくらいからだと思いますか。

――八〇年代半ばからでしょうか。

河野　八〇年代は、まだフェミニズムは盛んだったと思います。私がフェミニストカウンセリングのルームを開設したのが一九八〇年ですから、九〇年以降ですね。それに、九〇年代は私、まだ講演や指導に全国を回っていましたよ。

岡野　フェミニストカウンセリングという形ではあったとしても、八〇年代

＊56　一つの問題だけを取り上げること。

＊57　一五年九月、集団的自衛権の行使を可能にすることなどを柱とする安全保障関連法案が、参院本会議で可決・成立。この法案は「戦争法案だ」との声が全国各地であがり、国会議事堂周辺では大規模な反対集会やデモが繰り広げられた。

後半、私が大学生の頃には、もうこれといったフェミニズム運動はありませんでした。私もそうですけれども、フェミニズムは運動から生まれてきた理論なのに、理論から入っているのです。運動は体感したことがない。だから、研究者は学問としてフェミニズムについて勉強するけれど、一般の人が自分の生活にかかわることでフェミニストと出会うことがなくなってしまったのではないでしょうか。DVに遭った人たちは、助けを求めて相談を受けてくれるところに行ったかもしれないけれど、八〇年代後半には、フェミニズム運動が目に見える形で社会の中になかったのだと思います。

フェミニズムは、女性の意識や暮らしに密着したものだった

――フェミニズムは「女性学」「ジェンダー学」という大学で学ぶ「学問」になってしまった……。

河野　女性学（ウィメンズスタディーズ）を大学の非常勤で教えていましたが、厳密な意味での女性学理論ではなかったと言えます。私はフェミニストカウンセラーですから、女性学の中でCR（79頁参照）やAT（86頁参照）を実践することで、女性の自己変革を促した。たとえば、フェミニスト心理学、『発

達心理学とフェミニズム』（ミネルヴァ書房、一九九五年）というよくできた本があります。これは、フェミニズムから心理学をみるというか、これまで抜けていた視点や概念を加えたものです。どの分野でも言ってみれば「フェミニズムから○○をみる」というふうで、フェミニズム心理学という新しい独自な思想というものが発明理論化されていたわけじゃないと思います。でもそれは、各学問分野に必要な動きではありましたが。

もともとフェミニズムは暮らしに密着したものとして、というか女性の経験・意識に密着したものとしてあった。それが、大学でジェンダー論になってきて、セクシュアリティ論にかかわっては、ジュディス・バトラーが『ジェンダー・トラブル』[*58]を書いて、竹村和子さんが訳したのが一九九九年（青土社）です。だからあれが、フェミニスト的なセクシュアリティ理論書といえるでしょう。上野千鶴子さんが書いた『女遊び』（学陽書房、一九八八年）とか非常に売れた本も、理論書ではないですよね。つまり、フェミニスト理論というのは、あってなきがごとしというか、そんな感じですよね。ただ先述した竹村和子さんが生きていらしたら、新しいクィア理論[*59]の先達として活躍されたと思うと彼女の死は残念です。

＊58　ジュディス・バトラー著、九〇年、邦訳九九年。ジェンダーも生物学的な性（セックス）もセクシュアリティも、すべて社会的に構築されたものであると述べた。フェミニズムの新時代を拓いたといわれる書。

＊59　クィアとは、もともと「変態」という侮蔑的な意味の語。これを多様な性を表す語として肯定的に用いて、既存のジェンダー、セクシュアリティの類型化を問い直す理論。

だから、運動が見えなくなったら、その意味では思想だけが生き残るということは難しいわけです。私がジェンダー論をお茶の水女子大学で教えていたときも、内容はフェミニズムの歴史と女性改革とちょっとした法律の変更というもの。ですから、フェミニズム理論といえるものではない。ポスト構造主義の考え方を臨床心理学が取り入れた著作がいくつかありますし、フェミニストカウンセリングと強い親和性を持っていましたが、あまり重要視されませんでした。それに、暮らしや社会そのものも変わってきたとは言えませんか。リーマンショックが二〇〇八年？　その前にバブルが崩壊して……。

——バブルが崩壊したのが九一年と言われています。

河野　その頃から断絶というか衰退が始まったと言えるかしら、ほぼ。

岡野　江原由美子さん[*60]や上野千鶴子さんが大学で教え始めたのが八〇年代。私自身も、大学で招かれた江原さんの講演を聞きにいったりはしましたが、自分たちの生きる文化に運動がないですから。実践とはどうしても結びつかなかったですね。

＊60　女性学、ジェンダー研究者。著書に『ジェンダー秩序』（〇一年）、『フェミニズムと権力作用新装版』（〇〇年）、『自己決定権とジェンダー』（一二年）など。

日本とアメリカの違い

岡野　フェミニズムは、社会構造を問題にします。ところが、個別の問題に取り組む運動はあっても、連帯して社会構造を問う運動が八〇年代後半からなくなったということだと思います。みんなそれぞれ状況が違っても、女として生まれて、女とカテゴリー化されることで同じような経験をしています。とくに就職するとそういう問題に直面します。女性だけが育休を取るとか、昇進もできなくて、しかもこんなに賃金格差があるという……。子育てもそうです。保育園が見つからないとか。それは全部社会構造の問題なのですが、それを問うていく運動の核になるところが日本にはなかった。アメリカのNOW（24頁の注5参照）みたいな組織がなかったことは大きいですね。

NOWは、運動としては、社会で主流になって参画するという大きな目標があった。それに対して、日本のフェミニズムは、主流に入っていくことを目標にした運動の核がない。ある意味、権力から距離を取るフェミニズムといえます。

河野　ここは本当に難しい問題。スタートの日本的なリブ運動は、反・脱体制が一種のアイデンティティになっていました。フェニストカウンセリングにもこの流れが歴然としてあった。いわば近代化への〝反歴史〟ですよね。例をあげると、フェミニストカウンセリングで人材育成のためにある方から多大な寄付がありました。私なりの戦略があり、若い人に米国の大学院で学位を取ってもらうということを提案したときに、エリートをつくるのかという反発がありました。で、人財育成案は実現しませんでした。

岡野　日本のフェミニズムがアメリカと違うのはそこですよね。アメリカの運動は、女性が主流に入ってどんどん社会で活躍するという方向性がはっきりしていた。だから、逆にマイノリティの人たちとはうまくいかなかったという面もあります。マイノリティにとっては、白人中心の男社会へ入っていこうとする運動は、排他的です。

河野　私の滞米終わり頃の八〇年ちょっと前、NOWの、私が行った大会での最大の論争は、女が軍隊に入るかどうか、その後押しができるかどうか……。あれがNOWでの最大の争点でしたね。デミー・ムーア主演の映画「G・I・ジェーン」（一九九九年、監督：リドリー・スコット）では、女性が最難関の海軍特殊部隊の訓練プログラムにチャレンジする様子が描かれています。

今や女性監督がイラクでの戦争映画をつくるし、女性の将官もたくさんいるし。

岡野　日本では、上野さんを中心に大反対でしたよ。私も反対ですけど。そこはやっぱり違うのです。加納実紀代さんは「（社縁社会からの）総撤退論[*61]」、つまり男社会には加担しないというような主張をされました。

河野　それは、アメリカのごく初期のNOWの大成功以前のフェミニズムもそうだったのよ。リブ系というか。拙訳の『女性と狂気』（ユック舎、一九八四年）の著者、フェミニスト心理学者、フィリス・チェスラー[*62]は、エグザイル（亡命）、つまりフェミニスト亡命政府を国外につくろうというようなバッジをつくっていました。イデオロギーでしょうけれど。私はとてもおもしろいなぁと思っていて、もらったバッジをつけていました。チェスラーは、これまでの精神医療学界が女性に及ぼしてきた「暴力」に対して裁判に訴えたりしています。また、DV被害者のためのシュルターは廃墟を占有したりなどしました。フェミニスト心理学者や精神科医は、伝統的なクリニックを脱出して、新しいマイノリティ理念でコレクティヴなクリニック[*63]をつくり、診察料もスライディング・スケール（自己申告）などいろいろありましたよ。

＊61　加納実紀代（女性史、ジェンダー史研究）は、「雇用労働の場では交換価値と使用価値の乖離が進み、労働における疎外が昂進している。そこで、女たちは社縁社会から総撤退して、住縁・知縁のネットワークで使用価値のある仕事をつくり出そう」と主張した。

＊62　米国のフェミニスト心理学者。フェミニスト心理学の正典といわれる『女性と狂気』（七二年）を著した。

＊63　「集合的な」「共同の」。フェミニストたちは、企業や既存のピラミッド型の組織ではない協働型の組織をつくった。

それらも現在の米国では少し古くなったけれど、そのスタンスってすごくあって。田中美津さんの名著『いのちの女たちへ』[*64]もこの考えで貫かれているじゃない？　あの本は名著で、現在でもぜんぜんすたれていませんが、やはり古典になったという気もするんですよね。

だからそれはおっしゃるとおり、社会構造を見直そうという視点がなくなったのでしょうね。六〇年、七〇年安保闘争で、みんないろいろやったけれども、社会が変わらなかったという挫折感もあるかもしれませんね。私にはありますね。デモやって署名集めて、ちっとも変わらないいじゃないのって。

岡野　アメリカではその後、第三世代フェミニスト[*65]が出てきています。親がリブ世代で、その子どもたちは、私よりちょっと下で、今三〇代くらい。その子たちは、あたりまえにフェミニストです。フェミニズムどころか、学校でもLGBTはあたりまえだし、レズビアンが出てくるテレビ番組もいっぱいある。アメリカ人の同僚は、レズビアンであろうがゲイであろうが、あたりまえに受け入れられていると言っています。

河野　アメリカでは、レベッカ・ウォーカー[*66]たちがやっていた第三ウェーブがあるのだけれど、現在はどうなんでしょう。

＊64　副題は「とり乱しウーマン・リブ論」。田中美津著、七二年／田畑書店、九二年／河出文庫、〇一年・一六年／パンドラ。日本のウーマンリブ運動を代表する書。

＊65　ウーマンリブ世代の母親をもつ世代のフェミニストを指し、第二波フェミニズム運動が獲得してきた社会状況を所与のものとして、新たに自分たちの生きがたさを表現し始めた。とくに、進化するメディア社会におけるフェミニズム批評のあり方を模索する。その主張や担い手は定義しがたいが、統一した主張のもとに定義されない、女性というアイデンティティに縛られないことが、その特徴ともいえる。

＊66　作家。作家アリス・ウォーカーの娘。著書に『Black White and Jewish: Autobiography of a Shifting Self』など。

日本では、小さな運動が点在している感じ。日本で大きな運動が断絶しているる理由の一つに、それなりに改善された領域があるから、というものあるのでは？　世界的にかつての社会主義体制はなくなっていくし、日本でもとりあえず自由はあるし、民主的だし。で、どこをどう変えたいのかと聞かれたら答えがないような……。ちょっと甘いお菓子をポッと与えられて満足した、みたいな。私自身が満足しているということではなくて、ですが。

八五年は女性貧困元年

――八五年には男女雇用機会均等法ができ、八六年に施行されています。

岡野　それは結局、男並みの働き方をというもので、均等法によって活躍できるようになった人もいるけれど、ごく少数。圧倒的多数は、総合職では働けないと言って、一般職を選んだ。だから、この八五年を「女性貧困元年」だという議論があります。つまり、ここから非正規がドッと増えて、「多様な働き方」という言葉もクローズアップされた。非正規という形が広がったため、むしろ女性は貧困化が進んだわけです。いわゆる先進国で、この三〇年で男女格差が広がっているのは日本だけです。そういうことも、この断絶感と関係がありますよね。今の女性活躍推進法もそうですが、乗っていける人はいますし、官僚になっている人もいます。子どももつくってバリキャリの人たちがいる一方で、大半は非正規のほうに押しやられて、結局、フェミニズムって私たちのために何をしてきたの？　って、そういう感じだと思うんです。

河野　均等法は、職場における男女差別の解消にほとんど役に立っていないですね。一九九七年にはセクハラの防止条項が入りましたが（施行は九九年）。言葉だけは総合職とかあっても……。

――二極分解を推進しただけと言っても過言ではありません。しかも、同じ年に労働者派遣法ができています。

岡野　年金も、第三号被保険者[*67]を入れて、控除のしくみも変わった。それで、働き方も非正規で一〇三万円の枠内で[*68]という人が増えました。女性も、そういう働き方のほうがいい、合理的だというふうになっていく。女性が子育てして男が「主たる生計維持者」という構図を変えない程度に働く、というスタイル。社会進出した女性はほんの一握りで、結局は、男女差別（性別役割分業）を強化したのです。そして、女・女間格差が出てくるのも八五年です。

＊67　会社員の被扶養配偶者である第三号被保険者は、保険料を徴収されずに基礎年金を受給する権利を持つ。専業主婦優遇策といわれる。八五年の年金制度改正で導入された。

＊68　会社員の配偶者は、年収が一〇三万円以下であれば三八万円の所得控除が受けられる。パート収入をこの範囲に抑える人が多いので、一〇三万円の壁と呼ばれた。ちなみに、一八年からは配偶者控除が満額受けられるのは「一五〇万円以下」に引き上げられる。

――フェミニズムってこういう現実をめざしていたのかと疑問を抱き始める人が多くいて、魅力を失っていったというのはあると思います。

「男のほうが大変」と言われるが

岡野　「フェミニズムは勝ち組の理論」みたいな言説がありますね。

河野　それは、ためにする批判ですね。フェミニズムは、基本的には社会の中に入っていって、社会を変えようと言ったわけですから。管理職や起業家、議員などになることで女性が政策決定の場に入っていくことなしに社会は変わらないし、世界的にみてもあたりまえの流れ。どういう視点で「勝ち組」「負け組」などといっているのでしょうね。日本の状況を考えてみると、フェミニズムは社会構造を「男主導社会」だという言い方をして、批判して糾弾してきたけれども、この男社会というのは相変わらず頑としてあるわけでしょ。日本では「革新派」と「保守派」の主張することは違うけれど、文化的にもライフスタイルにしても、根本において男中心という点では同じでしょう。労働組合だって官僚的だし女性を敵視するし。それなのに現状の厳しさにおいて「男も大変よ」みたいなことを言うことで、男女差別があるという現状認識がなんとなく、なし崩しになっているんですよね。そういう反動もありますよね。

岡野　「女には『結婚』もあるし、性風俗で働けば金儲けできるでしょ。だから男のほうが貧しい」って平気で言う男性がいますね。

河野　いますね。「女だって好きなことやればいいじゃない。誰も止めないよ」って言う人もいる。でも「それは男の目で見たうえでしょ。あなた、どこを見てそんなこと言えるの」って返せるんだけれど。彼らの常套句は「女は好きなことをやっちゃいけないって誰が言ってるの？　あんたたちがやらないだけでしょ」って。これに対して、「それは違う。みんながみんな好きなことをしたいけれど、できない」とは言えなくなっていますよね。専業主婦がいい、という人たちも決して少なくならないし。

岡野　それって「自己責任」の論理ですよね。たとえば、仕事を辞めて専業主婦になるのも自分が選ぶわけですよ。ある意味、それは女性の合理的選択ですよね。「自分で選んで自分が決めたんだから、それでいいじゃない」というような自由論を、アーレントは批判しています。それは、本来の自由じゃない、と。

家族のケアは、やはり大半は女性が引き受けています。仕事を辞めてケアに入っていくことは、自分が選んでいるのだけれど、でも「私がやらなかったら誰がやるの？」という立場に女性が置かれている。まさに、ここにケアの倫理が生まれてくるわけです。誰かに強制されたわけではないけれど、責任を感じる自分がいる。そして実際に、自分がやらなければ目の前の子どもは死んでしまうかもしれないわけです。だから、本当は選んでいないのです。だけど、表面上は選んだことになってしまう。法律などで決められた制約はないけれど、構造的に女性はそういう立場に置かれやすい。もしお金を持っている人ならば、誰かに親のケアを頼むかもしれないけれど、それもできない。自分がケアに入ったほうが安いっていう選択です。

河野　そういうふうに一見、男女平等になっているように見えるとか、女性も「自由に」選択できるかのように見えていることも、フェミニズムが衰退してきた大きな要因でしょうね。性差別の明らかな可視化が潜ってしまった。

11 「自己責任」という言葉が示すもの

「自己主張する女性」というイメージ

——いま、フェミニズムが言ってきた女性の自己確立や自己判断＝自己責任という、近代社会の個人として女性に成長を促す言葉と、政府が社会保障などの責任回避をするために上から言う「自己責任」という言葉の意味が錯綜しています。「自己責任」という言葉そのものについて、整理していただけますか。

岡野　まず、一般的な理解として、フェミニストは「私は、私は」と自己主張が激しい女性というイメージがあります。たしかに、男性社会の中で、女は黙れ、一歩下がっていろ、といった規範に反対してきましたから、自己主張はしますね。「私は、こう生きたいんだ」というのが、フェミニストのメッセージなのですから。ところが、先ほども「勝ち組」云々という話をしましたが、自己主張する女性というのは、とくに日本社会では、自分だけがよい思いをすればいい女、といったイメージにもつながりやすい。実際には、フェミニストは、まずは性差によって差別を受ける社会の変革を唱えたのですから、自分だけよければよい、なんて誰も言っていない。そんなフェミニスト、私の知る限りいないです。ただ、世間一般ではそのイメージが強くて、勝ち組の論理がフェミニズムと言われることにもなった。

そのうえで、日本では九〇年代以降、とくに二一世紀になってての小泉政権以降といってよいと思いますが、規制緩和が始まり、これまでの日本型福祉が立ち行かなくなって、経済格差も広がる、福祉も切り下げられる、公共事業も削減される中で、自力で頑張れる人だけが救われる社会へと入っていきます。多くの女性たちはずっと貧困を経験してきましたが、男性の貧困問題が社会問題化するのもこの頃です。

他方で、一九九九年には男女共同参画社会基本法が施行され、小泉政権時には各地で条例ができ、女性センター改め、男女共同参画センターもつくられ始めます。そこで、日本では女性の権利がさほど向上したわけでなく、むしろ経済的にみれば逆行状況にあるにもかかわらず、自己主張の強いフェミニストたちもまた、この規制緩和に乗じたと思われるようになったのだと思います。法的にも、女子保護規定の撤廃など労働基準法が改正され[*69]、女性たちも規制緩和の中で、働く選択肢だけは増えた。男性の地盤沈下が起こった中から、女性たちへの恨み節が始まったと私は考えています。日本では、強い者へは批判の矛先が向きませんね。

「私のことは、私が決める」vs.押しつけ責任論

岡野　「自己責任」という言葉を理解する鍵は、誰がその責任を問うているか、です。フェミニストたちは、たしかに「私のことは、私が決める」と主張しました。そこに込められていたのは、「女が好き勝手するとどうせ不幸になるから、男社会の言いなりになれ」という――これが、まさに家父長制です――、これまでの社会規範に対する抵抗です。こうした彼女たちの主張の中には、「私が決めて不幸になったとしても、他人にとやかく言われたくない、私の自由だ」という意味も込められていたと思います。責任をとる自由を、自ら宣言したわけですね。

ところが、現在の「自己責任」は、政府、権力者が、「失敗したらあなた

＊69　労基法の九七年改正で、時間外・休日・深夜労働に関する女性保護の規制が撤廃された。

の責任ですよ」と押しつけてくるもの。しかも、本来はそのために政治が存在するといってよい、最低限の社会保障から手を引いて、大企業が労働者を搾取できるような、生活が困窮する人が必ず出るような経済環境を政治自らがつくっておきながら、「この環境で失敗したら、あなたの責任です」と押しつける。これが現在の自己責任論です。ですから、本来の意味を考えれば、押しつけ責任論ですね。

思想的にいえば、本来自由な人だけが、その行為の結果の責任をとれる。責任という言葉には、可能性が込められています。英語で考えるとよくわかりますが、責任 Responsibilityとは、本来、応答できるという意味で、able可能性という意味がついています。つまり、ちょっと繰り返しのように聞こえますが、責任をとれる人だけが、責任をとるのです。責任をとるのは、自由な人でなければ不可能なのです。ですが、現在の自己責任論は、責任をとれない人に責任を押しつける。そもそも、責任に「自己」をつけるのは、冗長なんです。わざわざつけているところが、もはや本来の責任ではない。権力者にとって都合よく、弱者は強者の尻拭《しりぬぐ》いをさせられている。自己責任論を私はそのように理解しています。

自分で考えて決断するという意味の「自己責任」感覚が脆くなっている

河野　「自己責任」と言っても、さまざまな次元がありますよね。経済的・政治的な自己責任論はちょっと置いといて、「社会的自己責任」とでもいう感覚が脆《もろ》くなっていることを、私は憂いているところがあります。

ちょっと話が飛びますが、昨今、気味が悪いのは、同調圧力というかみんなで一緒にやっていきましょうという風潮が強まっていること。オリンピックのTV観戦でも、郷土出身の選手の応援を集会場みたいなところに集まってみんなで応援する。オリンピックで活躍した人たちが銀座でパレードしたら、何十万人という人が見にきて、「勇気をもらった」とか「感動を共有する」とか言う。お祭りとか地域社会のつながりが大事ってことも盛んに言われますよね。私は、お祭りは嫌いだから行かないし、それをあれこれ人に言われたってかまわないけれども、一般的に、「私は行かないです、テレビを観ているほうがいい」とだんだん言いにくくなってくるのではないでしょうか。グループの中に個が埋没してしまう。というか、自分と他人が十分に区別できない。

だいたいNHKの天気予報だって馬鹿ていねいじゃないですか。今日は何を着ていったらいいかとか、「今日は洗濯日和です」とか、「傘をお持ちください」「今夜は冷えますから暖かくしてお休みください」とか。ほっといてほしいと思いますよ。私などはありがた迷惑と感じますね。自分で考えることができる日常茶飯事が、別の人の考えることにとって代わられる。頭の思考がね。つまらないことと思われるかもしれませんが、このようなことが積み重なっていくと、かつて「大日本帝国」国民として一色に染め上げられていったのと同じ状況になっていくのではないかと懸念します。

「あなたはどう思うの?」「あなたはどうするの?」「傘を持っていくの? 持っていかないの? 自分で決めてよね」っていうのがなくなっていく。するとたとえば今度は、「傘を持たなくていいと言うから持たなかったのに、雨が降ったじゃない」と、自分の責任は問わずに、別のところに責任を持っていく。まさに、責任の所在が見えない日本的病理ですね。

こんなふうに、自分で考えて決断する「自己責任」、つまり自分だったらどうするかっていうものが、すごく微弱になっているのではないかという気がするんです。「私は自分の家でテレビを観ます」「今日は傘持っていかないわ」というような自己責任＝自己感覚の明確化が阻害されないような文化がとても大事だと思っています。

ところが、現実は逆になっています。フェミニズムは、自己決定、自己表現などの重要性を主張してきました。フェミニズムが力をなくしてきたことの反動のような形で、こういう傾向が強く出てきたのでしょうか。

「自己責任が重すぎる」っていうのは、経済・政治の文脈ではOKだけど、今言ったような意味での「自己責任を持つように」というのは、なかなか言いにくくなっているのではないでしょうか。

岡野　責任をとれる人こそ、自由という考え方からすると、そうした押しつけは、私たちから自由を奪っているといえるのだと思います。

河野　それはフェミニズムの文脈でいえば、自分の人生に自分で責任を持ちましょうということなんですよね。ただ、完全な自己決定がないように、一〇〇パーセントの非自己決定もない。エリクソン[*70]流のアイデンティティを唱えたつもりはないけれど、あまりにもまわりの環境や人間関係に取り巻かれすぎた女性たちにとって、自己認識は必要だと思ってきました。既述しましたが、初期のフェミニストカウンセリングは関係の中での自己認識や自己決

＊70　エリク・H・エリクソンは、米国の発達心理学者、精神分析家。アイデンティティの概念、エリクソンの心理社会的発達理論を提唱した。

定を重要視してきましたね。

――そういう意味では、フェミニズムはぜんぜん古びていないし、「自己確立」とか、自分が自分の感情や意志をはっきりさせるということが、今まさに必要とされているように思います。

12 「個の尊重」の核となるもの

フェミニストたちの主張する「個人主義」とは

――いま、憲法一三条[*71]、二四条[*72]を改定しようとする動きがある中で、改めて「個人」「人権」について考えることが求められていますね。

岡野　「個人」という言葉についてですが、じつは私を含め、フェミニストの多くは、男性たちが都合よく使ってきた個人主義をずっと批判してきました。男性中心の個人主義の特徴は、依存しない、独立している、自分で自分のことを決められる人（健全な男性）を前提にしているところです。その、極めつきは、自分で働いた分は自分のモノ（＝財産）であり、個人の財産は、同意なしに他者から奪われない、という現在の資本主義の原型のような考え方です。

フェミニストたちは、男性たちが使う個人主義を、次のように批判したの

＊71　「個人の尊重」をうたう。自民党憲法改正草案では、「個人として（尊重される）」を「人として」に変更、「個」が消えた。さらに「公共の福祉（に反しない限り）」から「公益および公共の秩序」に変更されている。

＊72　「家族生活における個人の尊厳・両性の平等」をうたう。元来の「家制度」を廃止するために制定された。自民党草案には、「家族は、社会の自然かつ基礎的な単位として、尊重される。家族は互いに助け合わなければならない」という文言が入った。

です。まず、次のように問います。どういう経緯で、一人で生きていけると思えるような――実際、独立しているとか、一人前だといって胸を張る男性は、女性の労働に依存している場合が多いのにもかかわらず――「個人」となったと思いますか？　と。つまり、たしかにフェミニストたちにとっても「自分のことは、自分で決める」といったように、自分の生き方を自分で決められることは、大切な自由です。ですが、人は決して、一人で自立できるわけではなく、むしろ、自分の足で立てるまでに、文字どおり多くの人の手や協力が必要なわけです。

子どもだけでなく、病気になったり年老いたりしたら、河野さんたちの「チームK」のように、人は、人との輪の中でようやく自分のことを自分で決めるようになれる。私たち一人一人は、むしろ多様な人の世話や経験、言葉など、身体的な部分でまさに他者と一緒に生きているわけです。そのことをじっくりと考えると、まず自分の労働の成果が自分だけのモノだとは言えなくなります。

一人の「個」は、多様な人とつながることで、豊かな人格形成をしていく。「個」がどのように育ってきたか、その経験や歴史に目をやると、「個人」は別個に存在しているわけでもないし、他者とのかかわりも、自分の財産を奪う競争相手ではなく、むしろ積極的なかかわりの中で、自分自身が豊かになっていくといった関係性も見えてくるわけです。

現在の憲法破壊政治との関係で私が主張している「個人」は、後者のフェミニズムから学んだ個人主義です。人間は他の動物と比べてもとても脆弱で、一人では絶対生きられない状態で生まれてきます。生まれてきた赤ちゃんが、自分で好きなように動き、自分でご飯を食べられるようになるまでに、ずいぶんと時間がかかります。人間は、とても未熟な形で生まれてくる。だからこそ、人とのかかわりなしには育たない、という意味で、社会的な存在だといえます。

憲法二四条が起草された意図

岡野　個人が「自分のことは、自分で決める」とその自由を行使できるようになるまでに、どれほどの他者の労力と物理的な資源が必要か。憲法二四条は、そもそもベアテ・シロタ・ゴードンさん[*73]が起草した草案を読めば、社会がそうした脆弱な子どもと、その子どもを育てる女性たちのために、しっか

*73　GHQ憲法草案制定会議のメンバーとして日本国憲法の人権条項作成に携わった。憲法24条草案を執筆。

りとした福祉を提供しなければならないという考えに基づいていたことがわかります。つまり、国家は、個人が自由な存在となれるよう、社会保障を確立する義務がある、と。そして、多くの場合、子どもたちは、母と父のもとに生まれてくるわけですから、また、とりわけ当時は、母は子どもの世話に没頭しなければならない状況でしたから、その母が父の横暴な振る舞いで社会的に抑圧されることなく、平等な存在として尊重されるよう、家族法はじめ民法は両性の平等に基づいて制定されなければならない、と宣言しているのです。

ところが、憲法を破壊しようとしている人たちは、「現在の二四条は個人を中心に社会を考えていて、家族を破壊する」などと、何のデータにも基づかない言いがかりをつけています。二四条が家族を破壊するといった意見は、アメリカの占領が終わってすぐに、すでに自主憲法制定を訴える保守の政治家たちが口にしていたことです。かれら、権力者の頭の中には、家族では父親に権威があり、妻と子どもを威圧できることと、男性が権力者として国家の中で、えらそうに命令することが同じに思えるのでしょう。つまり、上の者に「否」を言わない存在を、家族の中からつくっていく、社会でもそうした従順な人がもっと存在してほしい、そう考えているのです。戦後七〇年以上も経って、いまだにこの日本の政治家の多くは、そういうメンタリティなんですね。

一人一人が全体である

岡野　自民党草案は一三条でも、「個人」を「人」に書き換えます。これは、二四条とセットになって考える必要があると思います。個人という考え方には――先ほど男性中心と批判しましたが――、二つの意味が込められています。個人は、英語でindividualつまり、これ以上分割できない者――divide「分ける」という語幹に、inという否定語がついています――という意味と、何かの一部ではなく、それ一個が全体である、という意味が込められています。個人という考え方は、歴史的にみれば、対「国家」の意味合いがはっきりしています。個人という考え方が生まれてくる一八世紀までは、人は、全体（＝国家）の一部でした。ですから、全体の中で果たす役割で、その人の価値は決まっていました。

個人主義の歴史は、そうした全体の中で生まれながらに決められた階級や人種によって、運命や価値が決められることに抵抗した歴史です。つまり、「私には、誰とも交換不可能な価値が存在している」「私は比類なき存在であるから、国家の道具にはならない」と訴えてきました。一三条には、こうした人類の歴史が反映されています。ただ、これまで男性中心主義を批判してきたように、家庭内の女性については、こうした個人主義の考え方は反映されませんでした。女性はずっと、家庭内での母、娘という役割によって存在意義が決められてきたのです。

個人主義の最も大切な主張は、「一人一人の個人には、かけがえのない価値が備わっていて、国家はその個人がよりよく生きるための道具にすぎない」という考え方です。現行憲法が気に入らない権力者たちには、この主張が許しがたい。かれらは、国民は国家の奴隷になれ、と言っているに等しいと私は考えています。

先ほどフェミニズムの個人主義批判をみてきましたが、個人主義の二つの意味と、フェミニズムが豊かに描こうとした人との関係性の中から育まれる「個人」という考え方は、実際にはとても親和性があります。一人一人が全体である、という考え方は、フェミニスト的に言い換えれば、私を育ててくれた人、その人の記憶や経験もまた、私の一部を形づくっている、その記憶を含め私は私だ、誰にもそれを奪われない、という主張です。

いま、憲法を破壊しようとしている人たちは、祖先や家族を大事にしろとか言うのですが、家族はすでに多様ですし、かれらが想像しているような、天皇家——天皇自身が触れたように、天皇家も本来祖先をたどれば、朝鮮半島に結びつきますけど——の家系図のような一直線なものではないですよね。祖先や家族を大切にすればするほど、現在の国家の枠なんて超えるわけです。そんな現実を無視して、日本国のための日本国民をつくり出そうとしているかれらは、個人の中にある多様性を認めない、圧殺しようとしているのです。

私は、個人の価値というのは、社会に認められるとか、社会に役立っているとか、そんなところから生まれてくるのではないと思っています。むしろ、私の内部に、自分の記憶を超えた人々の経験や生がすでに刻まれている。どれだけの人とのかかわりの中で、自分が生まれてきたのか。そうしたことを、大切に思えることから、その人の価値は浮かび上がってくるのだと感じています。

「個人」は関係性の中に立ち現れる

河野　おっしゃっていることはよくわかります。本当にそのとおりです。すでに岡野さんが語りつくしてくださっていますが、フェミニストカウンセリングも関係性を大事にしてきました。Person-in-Relation は Relation-in-Society です。女性は両親や配偶者、子ども、親せきなどに取り巻かれて（取り込まれて）、それらの中でしか自分を認識できない。たとえば夫の考えを自分の考えとしてしまっている。だから、とりあえず、その網目から自分を救い出して、自分の要求を認識することをまず、一緒に考えてきました。もろもろの男性的文脈における「個人」をイメージしたのではない、そこがリブ・フェミニズムの出発ですよね。しかも私たちのいう「個人」は関係性の中に立ち現れる、というか関係性の中にしか立ち現れない、と言っていいのではないでしょうか。そのために「自己主張トレーニング」とか「自己尊重トレーニング」等をやってきて、そこから関係を見直し、修正し、あるいは新しい関係性を構築することをめざしてきました。

ただし、この関係性のつくり方が、昨今難しくなってきていると思います。

岡野さんのご指摘のとおり、多様性を実際に認め、受け入れることが困難になってきているという危機感を私は持っています。「いろいろな人がいるから」とは差異において使われるものの、それは「自分とは違う」という宣言であって、多様性を認め受け入れているわけではない。それも人にあるさまざまな側面を考慮するのではなく、一面のみで判断するのですね。たとえば、自分は劣等感が強いと感じたら、こればかりに目をやるとか。つまり、頭でOKを出すことと、現実は違うという感じですね。たとえば、LGBTは頭ではOKだけれども、自分の身内やまわりにいるのは困る、など。

私のまわりでも、人間関係は難しいし大変だということで、関係から引いてしまっている人たちが多いです。一方、仲良し（に見える人たち）とは、べったりといったような。関係の中で、嫌な思いをしたとか傷ついたという経験を多少なりとも客観化しないで、その否定的な経験のみを内面化する。もったいないことですよね。

自分とは違う人との出会いは人を豊かにしてくれます。その体験を受け止めて味わい、あるいは乗り越えて、さらに多様な人々との関係に向けて自分を開いていくような考え方や手法——フェミニズムやフェミニストカウンセリングは、まさにそういうものです――が、いま、とくに必要とされているのではないでしょうか。そこからしか社会全体の変化もありえない、そう思います。

自分との出会い直し――対談を終えて

河野貴代美さんとの対談の中で、私にとってフェミニズムとは何かということがはっきりしてきました。それは、私を形作っているものを、じっくりと、時に厳しく見つめ直すよう迫ってくるものでした。迫ってくるといっても、脅迫的なものではありません。相手の言葉に導かれ抱かれるように、文字どおり心を開いて、自分の口から出てきた言葉を、まるで他人の言葉のように見つめ直す。そして、自分はこんなことに囚われていたのか、自分の怒りには、こんな理由があったのかと発見する、といった経験でした。〈個人的なことは政治的なこと〉というフェミニズムのスローガンは、社会関係の中に自分を置き直してみることで、新しい自分と出会い直す、そうした実体験から生まれてきたのです。

現代では、フェミニズム自体が多様であるだけでなく、女性も一括りにできない、女性の中の差異を尊重しなければならないと言われます。たしかに、貴代美さんも本書で伝えているように、〈わたしは、わたし〉なのです。

とはいえ、私たちの対談が、母との関係から始まったように、男性社会の中に否応なく〝女〟と位置づけられる私たちには、時代を超え共有できるテーマがあるように思いました。

つまり、私たち女性の中には、自分が経験していない時代や社会を生きたもう一人の女性がいる、と。対談では、これまで表現したことのない、私の母への想いが溢れています。母に厳しい言葉を向けるとき、私自身もどこか削られていく感じがしていました。
　カウンセリングには詳しくありませんが、本書で貴代美さんが語るフェミニストカウンセリングは、言葉の往復のなかで、自分が彫像されていく、そんな経験なのではないでしょうか。本書との出合いが、多くの女性たちにとって新しい自分との出会いとなることを願ってやみません。

岡野　八代

おわりに

フェミニストカウンセリングの実践から手を引いて一〇年近くが経ちました。この間、時代も女性の状況も変わりました。女性にとって、部分的には改善され良き方向に進んでいる現実もありますが、一方では、まったく変わらないか、後退的な現実もみられ、とても懸念されるところです。

文中にも書いてありますが、私は現在有料老人ホームに入居しています。「文化生活」(要は趣味三昧)がなくては生きていけない、などとうそぶきながら、静かに暮らしています。後期高齢者になり、大事な親友や縁者を見送りました。現居住地においても、挨拶を交わし合った方々のお名前がいきなり、ボードに「訃報《ふほう》」として張り出されたりします。この間の私の関心事が、「生きること」や「覚悟と断念」(196~206頁)に書いたような、生と死をめぐることがらにシフトしてきたのは事実です。とはいえ、もちろんフェミニストとして社会や女性の状況に対して敏感に目は配っているつもりです。

本書は、フェミニストカウンセリングの歴史を総括的に述べたものです。この作業は、楽しくもあり、また、引退を決めた時点で、資料を破棄してしまった中で記憶を呼び起こしながらの骨の折れるものでもありました。まとまった総括は本書が初めてとなりましたが、未来に向けた新しい提案がなされていないことに後悔が残ります。しかし、この点については、これからの世代に託したこと（課題）だと思っていただければ幸甚です。

三一歳にして米国でフェミニズムに出合い、フェミニズムの視点で社会や人々の関係性を考察できたことは、「私」のありようを鮮明にしてくれました。何をどう考え、自分はどうしたいのか、と。フェミニズム批評の目も育ったと思います。元気に幸せに自分らしく生きてこられたこともうれしいことでした。フェミニストとして生きてきて、なんと幸せなことでしたでしょうか。これからもフェミニストであり続けたいと思います。

最後に、編集者である杉村和美さんと、コラムに登場していただいた河野和代さんに、心からの、そして多大なる感謝を捧げたいと思います。お二人には共著にお名前を連ねていただきたいほどの援助にあずかりました。これは言葉に言い尽くせません。コラムを執筆してくださった海渡捷子さん、遠藤智子さん、加藤伊都子さん、そして一年半にわたるパリやロンドンでの研究生活と対談・執筆時期がちょうど重なった岡野八代さんにも深謝いたします。ありがとうございました。

二〇一七年一二月

河野　貴代美

参考図書

- ボストン女の健康の本集団著『からだ・私たち自身』日本語版翻訳グループ訳、松香堂書店、1988
- 河野貴代美『女性のためのグループ・トレーニング　出会いと回復のレッスン』学陽書房、1995
- 上野千鶴子編著『ラディカルに語れば…　上野千鶴子対談集』平凡社、2001
- 職場での性的いやがらせと闘う裁判を支援する会編『職場の「常識」が変わる福岡セクシュアル・ハラスメント裁判』インパクト出版会、1992
- 河野貴代美『自立の女性学　なぜ自信がもてないか——一人立ちへの心理と行動』学陽書房、1983
- ジュディス・バトラー『ジェンダー・トラブル　フェミニズムとアイデンティティの攪乱』竹村和子訳、青土社、1999
- ナンシー・フライデー『母と娘の関係　「母」の中のわたし、「わたし」の中の母（上・下）』俵萠子・河野貴代美共訳、講談社、1980
- 柏木恵子、高橋恵子編著『発達心理学とフェミニズム』ミネルヴァ書房、1995
- フィリス・チェスラー『女性と狂気』河野貴代美訳、ユック舎、1984
- 田中美津『いのちの女たちへ　とり乱しウーマン・リブ論』パンドラ、2016他
- 河野貴代美『フェミニストカウンセリング（Ⅰ・Ⅱ）』新水社、1991/2004
- ボニー・ホーニッグ『ハンナ・アーレントとフェミニズム　フェミニストはアーレントをどう理解したか』岡野八代ほか訳、未来社、2001
- 岡野八代『フェミニズムの政治学　ケアの倫理をグローバル社会へ』みすず書房、2012

対談・脚注の主な参考図書

- 井上輝子ほか編『岩波 女性学事典』岩波書店、2002
- 鈴木尚子編『現代日本女性問題年表』ドメス出版、2012
- 上野千鶴子編著『ラディカルに語れば…　上野千鶴子対談集』平凡社、2001
- 原ミナ汰・土肥いつき編著『にじ色の本棚　LGBTブックガイド』三一書房、2016

プロフィール

〈対談〉

岡野　八代（おかの・やよ）

学生時代に政治思想家で唯一、教科書に登場した女性ハンナ・アーレントに出会ってから、政治思想史の研究をしてきた。最近は、思想家たちが家族、そして家族責任を担う女性たちについてどのように語ってきたのかを研究している。その一方で、女性たちの家族の中での経験に、もっと耳を傾けるべきだとも考えている。著作には、『フェミニズムの政治学』（みすず書房）、『戦争に抗する』（岩波書店）がある。

〈コラム〉

海渡　捷子（かいと・かつこ）

㈲フェミニストセラピィ“なかま”代表。日本フェミニストカウンセリング学会認定フェミニストカウンセラー。現在、地方自治体相談室でカウンセリングや相談に従事。また、女性の生き方全般にわたる講座、講演、その他「自己表現トレーニング」「自己尊重トレーニング」などのグループワークに携わっている。

遠藤　智子（えんどう・ともこ）

一般社団法人社会的包摂サポートセンター事務局長。80年代、地方公務員として働き始めた頃にフェミニストカウンセリングに出合う。DV被害者支援民間シェルター活動を経て、東日本大震災の年に市役所を退職して現職。特技は、ビールをたくさん飲むことと会議の司会。

加藤　伊都子（かとう・いつこ）

フェミニストカウンセリング堺所属。日本フェミニストカウンセリング学会認定フェミニストカウンセラー。1991年ウィメンズセンター大阪で河野貴代美さんと出会う。1995年河野貴代美さんと受講生仲間とで、女性のためのカウンセリングルーム フェミニストカウンセリング堺を立ち上げる。

河野　和代（かわの・かずよ）

1961年徳島生まれ。日本フェミニストカウンセリング学会認定フェミニストカウンセラー。ウィメンズカウンセリング徳島代表。1997年にカウンセリングルームを開設して以降20年、地方で女性へのカウンセリングを続けてきた。行政の女性相談やハラスメント相談、DV被害者支援などを行っている。

河野 貴代美（かわの・きよみ）
1939年生まれ。シモンズ大学社会事業大学院修了（MS）。
元お茶の水女子大学教授。
専門：フェミニストカウンセリング、臨床心理学、フェミニズム理論、社会福祉。
日本にフェミニストカウンセリングの理論と実践を初めて紹介し、各地におけるカウンセリングルームの開設を援助。後、学会設立や学会での資格認定に貢献。
著書：『自立の女性学』（1983年、学陽書房）、『フェミニストカウンセリング（Ⅰ・Ⅱ）』（新水社、1991/2004年）、『わたしって共依存？』（2006年、NHK出版）ほか。
翻訳：P・チェスラー『女性と狂気』（1984年、ユック舎）、H・パラド他『心的外傷の危機介入』（2003年、金剛出版）ほか多数。

わたしを生きる知恵
80歳のフェミニストカウンセラーからあなたへ

2018年1月26日　第1版第1刷発行
著　　者　河野 貴代美

発 行 者　小番 伊佐夫
印刷製本　中央精版印刷
編　　集　杉村和美
装　　丁　Salt Peanuts
D T P　市川 貴俊
発 行 所　株式会社 三一書房
〒101-0051 東京都千代田区神田神保町3-1-6
☎ 03-6268-9714
振替 00190-3-708251
Mail: info@31shobo.com
URL: http://31shobo.com/

ISBN978-4-380-18004-0 C0036
Printed in Japan

にじ色の本棚

―LGBTブックガイド―

原ミナ汰、土肥いつき編著

A5判　ソフトカバー　208頁　本体1700円　ISBN978-4-380-15006-7

この本は「多様な性を生きる人々が育んできた、豊かな歴史や文化を知るための手がかりをつくりたい」という思いから生まれました。

各章では、自伝的ノンフィクション、コミック、小説、社会・歴史書のほか、医療・法律・教育の分野でサポートをする人に読んでほしい本など72冊を紹介しています。

これは、単なるブックレビュー集ではありません。46人の執筆者が、それぞれ自分と本との間で行った「対話」です。巻末には、詳細な「性的マイノリティ関連の年表」を掲載しました。